Y ÉL HABITÓ ENTRE NOSOTROS

Libros de A. W. Tozer publicados por Portavoz:

Diseñados para adorar

Deléitate en Dios

Fe auténtica

Fe más allá de la razón

Los peligros de la fe superficial

El poder de Dios para tu vida

¡Prepárate para el regreso de Jesús!

La presencia de Dios en tu vida

Una fe incómoda

La verdadera vida cristiana

Y Él habitó entre nosotros

A. W. TOZER

Compilado y editado por James L. Snyder

Y ÉL HABITÓ ENTRE NOSOTROS

Enseñanzas del Evangelio de Juan

EDITORIAL
PORTAVOZ

Título del original: *And He Dwelt Among Us,* © 2009 por James L. Snyder y publicado por Regal, de Gospel Light, Ventura, California, USA. Traducido con permiso.

Edición en castellano: *Y Él habitó entre nosotros* © 2017 por Editorial Portavoz, filial de Kregel, Inc., Grand Rapids, Michigan 49505. Todos los derechos reservados.

Traducción: Daniel Menezo

EDITORIAL PORTAVOZ
2450 Oak Industrial Drive NE
Grand Rapids, Michigan 49505 USA
Visítenos en: www.portavoz.com

ISBN 978-0-8254-5616-9 (rústica)
ISBN 978-0-8254-6411-9 (Kindle)
ISBN 978-0-8254-8541-1 (epub)

1 2 3 4 5 edición / año 26 25 24 23 22 21 20 19 18 17

Impreso en los Estados Unidos de América
Printed in the United States of America

Contenido

PASIÓN POR LOS PERDIDOS

Quienes están familiarizados con A. W. Tozer suelen considerarlo la voz de un profeta. Eso es lo que fue durante muchos años, y por medio de sus escritos sigue siendo una voz profética para la Iglesia de Jesucristo. Sin embargo, en *Y Él habitó entre nosotros* escuchamos una voz de Tozer ligeramente distinta. Aquí ministra no como profeta, sino como un pastor que siente pasión por alcanzar a los perdidos.

Durante más de un año, el Dr. Tozer predicó semanalmente sobre el Evangelio de Juan, uno de sus libros favoritos de la Biblia. Aunque nunca expuso la serie completa de sermones, semana tras semana el Evangelio fue adueñándose de su mente y su alma. Una semana, una frase o incluso una palabra cautivaba su corazón, y elevaba a su congregación a las alturas de la predicación ungida por el Espíritu Santo. El Evangelio cautivaba su imaginación, y no podía alejarse de él.

Durante esta serie de sermones, más personas confesaron tener una vida nueva en Cristo que todas las que lo hicieron durante cualquier otra serie predicada por Tozer en Chicago. Siempre, independientemente de por dónde empezara, era el pastor que buscaba a las ovejas perdidas. A menudo, una vez concluido el sermón, la congregación permanecía sentada, en silencio, impresionados por la intensidad de la verdad que les había expuesto. Después de un sermón así, un miembro veterano de la congregación confesó: "Ha sido más David que el propio David". Quería decir, por supuesto, que al igual que el rey David, Tozer tenía la capacidad de exponer la verdad dentro de un marco musical que inducía al corazón a cantar.

Ese esfuerzo era arduo, incluso para Tozer. De hecho, la serie estuvo tan impregnada de un aroma espiritual que llevó al límite su propia capacidad como predicador. "Será un placer meditar en este libro", dijo a su congregación, "pero me ha embargado una sensación de incapacidad tan intensa que ya no puedo considerarlo un placer. La imposibilidad de que un hombre como yo diga algo que valga la pena sobre los escritos de un hombre como Juan me ha paralizado, literalmente, después de todos estos años. Pero quizá esta sea la manera que tiene Dios de reducir la carne al mínimo y conceder al Espíritu Santo la máxima oportunidad de hacer su obra eterna".

Muchas congregaciones no tendrían la paciencia de seguir una serie como esa durante más de un año, pero en estos sermones vemos lo mejor de Tozer. En el apóstol Juan hallamos un temperamento que sin duda despertaba ecos en el corazón del predicador, y en esta serie de enseñanzas lo vemos reflejando esa actitud. Aunque nunca tuvo problemas para desafiar a los cristianos respecto a su fe o señalar las herejías que infestan la Iglesia verdadera, en este libro no se limita a defender la sana doctrina, sino que más bien se eleva hasta la altísima y sublime conclusión de esta doctrina.

Para Tozer, toda doctrina que no llegara al punto de identificarse con el Señor Jesucristo era una mala interpretación o bien no estaba bien enraizada en las Escrituras. Creía que la doctrina tiene dos caras. Primero, la doctrina establece la verdad y nos ayuda a reconocer las herejías crecientes dentro de la Iglesia, y nos dice cómo tratarlas. Segundo, la doctrina es el camino que lleva al conocimiento íntimo de Dios. Todas las cosas deben apuntar a Aquel que habitó entre nosotros. Basándose en un fundamento de sana doctrina, el apóstol Juan se eleva hasta la atmósfera enrarecida de la adoración, y el Dr. Tozer lo sigue de cerca.

El misticismo de Juan

Tozer pensaba que Juan representaba lo mejor de los pensadores "místicos". Por supuesto, describir así a Juan nos expone a un término que en nuestros tiempos muchas personas malinterpretan en gran medida. Tozer era consciente de esto, pero a menudo decía que nunca permitiría que nadie le arrebatase alguna cosa por el mero hecho de que esa persona no la usara correctamente. No temía identificarse con la gran hueste de los místicos cristianos, llegando hasta el apóstol Juan. Y Tozer los conocía a todos.

Aunque Tozer admiraba en gran medida la teología del apóstol Pablo, sentía mayor afinidad por la tendencia mística del apóstol Juan. "En la mente de Juan", decía, "Dios encontró un arpa que quería estar junto a la ventana, atrapando el viento. Descubrió que Juan tenía un instinto semejante al de las aves, que lo inducía a querer volar en todo momento. Dios le permitió a Juan volar, elevarse y cantar, partiendo de la misma premisa que el teólogo Pablo".

Para Tozer, Juan era como la alondra que se despierta cuando rompe el día, se sacude de las alas el rocío de la madrugada y se alza hasta las puertas del cielo mientras canta. No es que Juan se elevara más que Pablo; simplemente, su melodía era un poco más dulce. Pablo, el teólogo, echó los cimientos, y una vez que estuvieron puestos los fundamentos, Juan se subió al parapeto, sacudió las alas y emprendió el vuelo.

Quizá este sea el motivo de que a Tozer le costara tanto predicar sobre el Evangelio de Juan. Sin tener un fundamento claro, doctrinal, era demasiado fácil salirse por la tangente emocional. Tozer era un místico que tenía los pies sobre un terreno doctrinal sólido; sin ese fundamento, habría corrido el riesgo de llegar a conclusiones absurdas y erróneas. Y Tozer no quería caer en esa trampa.

Con el énfasis doctrinal del apóstol Pablo, una persona puede volverse bastante legalista y fría espiritualmente. Y con el énfasis místico del apóstol Juan puede poner la mente hasta tal punto en el cielo que no sirva de nada en la tierra. La combinación de ambos constituyó el tipo de experiencia espiritual saludable para los cristianos que iban madurando. Tozer tuvo la prudencia de equilibrar ambas posturas.

La maldición del aburrimiento espiritual

Una gran preocupación del Dr. Tozer, que aborda en este libro, se centra en el área de lo que él definió como "aburrimiento espiritual". Dicho en pocas palabras, esto sucede cuando los cristianos se vuelven adictos a la actividad del mundo que los rodea hasta el punto de que dejan de practicar las disciplinas espirituales. A Tozer le inquietaba que a muchos cristianos les interesara más el mundo a su alrededor que la Palabra eterna que llevaban dentro.

Según Tozer, el aburrimiento espiritual es consecuencia de la inmadurez. A los inmaduros les aburre cualquier cosa rutinaria. Quieren animar su vida con emociones, acción y actividades, mientras que la vida cristiana debe estar sustentada por las disciplinas cotidianas. Y, por supuesto, existe el peligro de que algunas personas hagan lo mismo una y otra vez y se encuentren inmersas en una rutina espiritual tediosa. El gran secreto de la madurez consiste en conservar el equilibrio en la vida cristiana.

Tozer creía que este tedio acarreaba determinadas consecuencias a la iglesia evangélica estadounidense. "En gran medida, la familiaridad ha introducido el aburrimiento en la iglesia evangélica, sobre todo en Estados Unidos", dijo en cierta ocasión. "Hemos oído repetir las mismas cosas hasta que nos aburren. No culpo a quienes repiten, porque es necesario que sigamos diciendo lo mismo de siempre. Lo que lamento es que no seamos conscientes de la presencia de Aquel que puede tomar las palabras ya conocidas y renovarlas por completo. En los círculos evangélicos vamos muriendo por etapas porque descansamos sobre la verdad de la Palabra y olvidamos que hay un Espíritu de la Palabra, sin el cual la verdad de aquella no significa nada para el espíritu humano".

Como siempre, el Dr. Tozer ofreció una solución para contrarrestar este aburrimiento espiritual. En cierta ocasión dio este consejo espiritual a un joven que acababa de empezar su ministerio: "Busca en tu alma, haz algo por ti mismo, empieza de nuevo, toma un día de descanso, ponte delante de Dios, ora, busca algo nuevo de manera que no acabes moviéndote por inercia y te conviertas en otro predicador viejo y cansado, capaz de hablar de las cosas espirituales como si fueran la lista de la compra... que menciona el nombre de Jesucristo sin que le tiemble la voz... que habla del cielo sin emoción... que habla de Dios sin ninguna referencia".

Mientras lees este libro y exploras el Evangelio de Juan, permite que las palabras de Tozer cultiven la faceta mística de tu experiencia cristiana, sanando toda tendencia que tengas a caer en el aburrimiento espiritual.

James Snyder

DIOS HA PUESTO ETERNIDAD EN NUESTROS CORAZONES

En el principio era el Verbo, y el Verbo era
con Dios, y el Verbo era Dios.

JUAN 1:1

De todos los libros de la Biblia, ninguno presenta a Cristo de una forma tan suprema como el Evangelio de Juan. Creo que el motivo de que atraiga hasta tal punto nuestro corazón y nuestra mente se debe al enfoque que adopta Juan. Mientras que el apóstol Pablo presenta a Cristo en un marco teológico, Juan usa un entorno místico. Al hacerlo no deja a un lado la teología, porque en su Evangelio encontramos mucha; más bien, usa la teología como una escalera que le permite acceder a las alturas de la naturaleza de Cristo.

Es posible que algunos se opongan a mi uso del adjetivo "místico", pero creo que describe con precisión la personalidad y el temperamento del apóstol Juan. Lo místico, tal como se emplea en el Evangelio de Juan y en este libro, se refiere sencillamente al cultivo de una apreciación profunda de la naturaleza única de Cristo y de nuestra fascinación por Él. Desde el primer versículo del primer capítulo del Evangelio de Juan ("En el principio era el

Verbo, y el Verbo era con Dios, y el Verbo era Dios"), nos vemos elevados al ámbito de lo "eterno".

"En el principio era el Verbo" (Jn. 1:1). Vamos a dejar esta frase aquí, en el Nuevo Testamento y, para comprenderla mejor, vayamos al Antiguo. Una característica de los libros sapienciales del Antiguo Testamento es que, en ocasiones, contienen pasajes breves que se pierden entre la arena y el polvo de las eras, pero que son tan profundos y sólidos que, literalmente, son los componentes básicos del pensamiento espiritual. Eclesiastés 3:11 es uno de estos pensamientos: "Todo lo hizo hermoso en su tiempo; y ha puesto eternidad en el corazón de ellos, sin que alcance el hombre a entender la obra que ha hecho Dios desde el principio hasta el fin".

A lo mejor sientes la tentación de pasar de largo este pasaje y acudir a un salmo en busca de ayuda. Pero si supieras lo que quería decir el Espíritu Santo aquí, cuando dijo que Dios había puesto eternidad en el corazón del ser humano, no pasarías de largo. Sospecho que aquí, enterrado bajo las arenas cambiantes del desierto, se encuentra un palacio con muchas estancias y de gran belleza. Caminemos alrededor de los palacios, contemplemos los imponentes baluartes, a ver qué podemos encontrar.

Salmos 90:2 arroja luz sobre el significado de Eclesiastés 3:11. En este pasaje, el Espíritu Santo dice acerca de Dios: "Antes que naciesen los montes y formases la tierra y el mundo, desde el siglo y hasta el siglo, tú eres Dios". He consultado la expresión "desde el siglo y hasta el siglo" de este pasaje. (Siempre intento descubrir qué significa una expresión, y luego no permito que signifique nada más que lo que dice en el original.) Por lo tanto, en este caso, el uso del término "siglo" dos veces quiere decir que "Dios es Dios desde la eternidad y hasta la eternidad".

Me resulta fascinante que el término hebreo "eterno" tenga una gran variedad de significados. A menudo vemos una palabra y le asignamos una definición particular cuando, en realidad, tiene varias. Esto es lo que sucede con esta expresión. He descubierto que puede significar "desde tiempos inmemoriales", "siempre" o "hasta el mismísimo final" o "durante un pasado sin principio". Meditar sobre estos sentidos y reflexionar sobre cómo se encuentran en Dios arroja importantes dividendos para comprender mejor a Dios.

Para contemplar a Dios como es, debemos empezar a entender que "desde tiempo inmemorial hasta el final del tiempo tú eres Dios". También empezamos a ver que "Oh, Dios, desde siempre y hasta siempre tú sigues siendo Dios". Y también "Oh, Dios, desde el punto más remoto del infinito hasta el punto más remoto del infinito, tú eres Dios".

La aplicación de todo esto, que supera toda comprensión humana, es sencillamente esta: "Desde el pasado sin principio al futuro sin final, tú eres Dios".

¿Cómo podemos comprender plenamente la eternidad de Dios? No estamos hablando de una doctrina y una teología correctas. Una persona puede tener una doctrina bien ordenada y, aun así, no entender este asunto de la eternidad. Está claro que no me opongo a la doctrina, a la teología ni a las enseñanzas de la Biblia, pero hay cosas que trascienden el conocimiento intelectual. Juan nos insta y nos anima a que ascendamos a la atmósfera enrarecida que supone experimentar a Dios en la maravilla de su eternidad.

Elevarse al corazón de Dios de esta manera supone comenzar a experimentar esa verdad del Antiguo Testamento, "el eterno Dios es tu refugio" (Dt. 33:27). Descubrimos nuestra esencia finita encuadrada en algo que no tiene ni principio ni fin. Desde el punto de vista doctrinal, podemos aceptar pasivamente los atributos de Dios y ser esencialmente sanos. Podemos decir: "Creo en la eternidad de Dios", y mantenernos sobre un buen cimiento teológico. Pero, ¡qué maravilloso es un pasaje como este, que trasciende este tipo de cosas! ¡Meditar en el pensamiento "has puesto eternidad en el corazón de ellos" y luego entender que hemos sido ascendidos a la eternidad de Dios!

La Biblia enseña claramente que Dios creó al ser humano a su propia imagen. Signifique lo que signifique eso, lo que dice es que hay algo en Dios que responde a algo que hay en el hombre.

El Espíritu Santo ha dicho esto acerca del corazón humano, a quien Dios hizo a su imagen: "ha puesto eternidad en el corazón del hombre" (Ec. 3:11, RVR1995). Dice eso, y punto. Dios dice que ha puesto en el corazón de las personas "un tiempo inmemorial". Dice que ha puesto en el corazón del ser humano "una eternidad sin principio ni fin".

El anhelo de la inmortalidad

La realidad es que, vayamos donde vayamos, vemos a personas que manifiestan una enraizada inquietud, y esto indica que hay algo en lo profundo del alma, que Dios ha puesto allí, que anhela esa eternidad que solamente se encuentra en Él.

Si fuéramos solo de la tierra y simples animales, nunca sentiríamos ese anhelo. Si Dios no hubiera puesto eternidad en nuestros corazones, nunca tendríamos muchos problemas al respecto. Sin la eternidad en el alma, no creo que un Hitler o un Stalin hubieran intentado conquistar Europa. Pero debido al diseño intencionado de Dios, en nosotros hay una apreciación y un anhelo por la eternidad de Dios. Pero la hemos perdido. Desearíamos tenerla, y la queremos, y estamos insatisfechos con menos.

El ser humano, como un águila en una jaula, se apropia de la jaula y se deja caer en picado de una guerra a otra guerra. Va de huelga en huelga, de apuesta en apuesta, de baile en baile, de un infierno a otro. ¿Por qué actúan así las personas? ¿Por qué los hombres y las mujeres luchan entre sí y desean alcanzar la supremacía?

La respuesta es bastante sencilla. Dios ha enterrado algo en lo profundo del alma de todo hombre y mujer. Es, simple y profundamente, el anhelo de ser inmortales. Aunque los hombres y las mujeres saben que todo el mundo muere, nunca piensan que ellos mismos morirán. Cuando se acerca la muerte, luchan contra ese enemigo hasta la última fibra de su ser. ¿Por qué? Debido a ese anhelo de inmortalidad que Dios les dio cuando sopló su aliento de vida a Adán y este se convirtió en un alma viviente.

Lo que es cierto entre las personas se encuentra raras veces en el reino animal. En ninguna faceta de la creación encontramos la corrupción y la perversidad flagrante que hallamos en cualquier ciudad de nuestro país. ¿Cómo es que las serpientes bajo las peñas, las ballenas en el mar y los animales de la selva se las arreglan para vivir matando solo lo necesario para comer? Luego se tumban, duermen y esperan la llegada de la noche. ¿Por qué los animales de la selva se llevan mejor que las personas? ¿Cómo es que tienen menos problemas? ¿Por qué tienen más moral?

No vacilo en decir que no hay un solo perro en Chicago que sea menos moral, en muchos sentidos, que su dueño, si realmente podemos atribuir la moralidad a aquello que no tiene eternidad en su corazón. Viven mejor y son más decentes. Algunas personas no captan la diferencia significativa entre un hombre y un animal. Aunque un cristiano no respalde la teoría de la evolución, quizá no vea una diferencia sustancial entre el hombre en el huerto y el animal en el campo. A menudo la gente compara a ambos. Dicen: "Ese hombre actúa como un animal". Pero nunca he oído a nadie decir: "Ese animal actúa como un hombre". Ningún animal del campo es jamás el blanco de un ataque de Satanás. Sin embargo, como Dios ha puesto en el corazón de cada individuo el anhelo de ser eterno, el ser humano es el blanco de los ataques llenos de odio de Satanás.

Si fuésemos más valientes predicaríamos más sobre la imagen de Dios en el hombre. Esto no quiere decir que el hombre inconverso sea salvo. Está específicamente perdido, y a menos que se arrepienta y nazca de nuevo, nunca verá el reino de Dios. Si muere sin arrepentirse y sin ser perdonado, sin duda irá al infierno. Yo creo estas cosas, y el único motivo por el que una persona puede ser salva es que Dios ha puesto eternidad en su corazón. Dios ha hecho al ser humano a su imagen, y aunque aquel cayó, conserva el anhelo de la eternidad en este mundo, y la apreciación de esa condición. En lo hondo de su corazón tiene el deseo de la vida eterna, y eso le molesta. El hombre se rebela y lo llama de determinada manera, pero en lo profundo de su ser lo que lo inquieta es algo distinto.

Un entorno antinatural

Dios ha asignado a todo una serie de respuestas naturales. Por ejemplo, es natural que un ave vuele por el cielo. Cuando alguien ve a un pájaro volando por el cielo, no le dice: "No tendrías que estar volando por ahí. Es antinatural". Lo cierto es que en este mundo no hay nada más natural que un pájaro que vuele de árbol en árbol. Eso no tiene nada de extraño. Todo ser vivo posee unos atributos determinados que le son naturales.

De hecho, reconocemos a los animales y a las aves en función de sus atributos naturales. No nos sorprende el ladrido del perro, el maullido del gato o el dulce canto que brota del pájaro en el bosque. Hacen cosas que les salen de manera natural.

Ahora entremos en la escena humana. En ella encontramos también respuestas o atributos naturales. Cuando un hombre empieza a orar a Dios, lo hace como respuesta natural. Dios puso en él ese deseo. En lo profundo del corazón de un hombre hay respuestas que nacen de él de forma natural. Durante la guerra era habitual que la gente dijera: "En las trincheras no hay ateos". Lo que eso quería decir es que, cuando la presión era intensa y volaban las balas, el soldado quedaba reducido a su respuesta natural: la oración. Uno puede negar esa respuesta natural cuando está lejos del campo de batalla, pero determinadas crisis la sacan a la superficie.

Para ese hombre o esa mujer que han sido redimidos por la sangre del Cordero, lo más natural es que eleven su corazón en oración y alabanza a Dios. Dios puso allí esa respuesta, y la redención libera su capacidad. Este anhelo interior de inmortalidad, que siente todo ser humano, fue puesto en su corazón por Dios desde el principio. Cuando el ser humano cayó en el Huerto, atrajo sobre su alma una nube oscura, separándolo angustiosamente de la realidad de la inmortalidad.

Esta angustia es algo terrible para la raza humana. Sus efectos se perciben en todas las cárceles, hospitales y sanatorios mentales de nuestro país. Las personas, creadas a imagen de Dios y que aspiran a la inmortalidad, luchan bajo esa nube asfixiante que obstaculiza su búsqueda de Dios. La realidad de esta asfixia debería indicarnos que algo anda mal.

Cuando yo era un muchacho que vivía en las colinas al oeste de Pennsylvania, los hombres trabajaban en las minas de carbón. Era un trabajo no solo arduo, sino muy peligroso. Al no contar con toda la tecnología avanzada de la que disponemos hoy, los mineros del carbón tenían que improvisar de muchas maneras para estar alertas al peligro. Uno de los métodos tenía que ver con el grado de oxígeno contenido en la mina. Nunca podían estar seguros de cuándo el aire se volvería venenoso, de modo que se llevaban al fondo de la mina pájaros enjaulados. Sabían lo delicados que eran esos pájaros; cuando el aire se volviera nocivo, los pajarillos serían los primeros en asfixiarse, advirtiendo así a los hombres que era el momento de huir de allí.

Un pajarillo no podía vivir en aquel ambiente. Y creo que esto es lo que le pasa al alma del ser humano. El hombre fue creado para volar por las alturas de la eternidad y la comunión con Dios. Dios lo hizo mirar atrás, hacia el punto de fuga eterno que existía, y hacia el punto de fuga eterno que será, y no sentir la edad ni contar los cumpleaños, sino, al igual que Dios, vivir en Dios. Pero el pecado ha sido nuestra ruina. Escuchamos a la vieja serpiente, el diablo, y nos sumimos en las entrañas oscuras e invadidas de gas del mundo, donde los hombres mueren de asfixia por todas partes.

Fuimos creados para respirar el aire de la justicia y de la eternidad. Cuando el ser humano se rebeló contra Dios, trajo sobre sí mismo esa nube asfixiante que le impide ser lo que Dios quiere que sea, y poseer lo que Dios quiere que posea.

Las señales de lo fraudulento

En todas las cosas encontramos algún indicio de esta maldición. "No hay quien haga lo bueno, no hay ni aun uno" (Sal. 53:3), y cada bien va acompañado de algún mal. Bajo cada cosa hermosa se oculta una serpiente enroscada.

Una vez, cuando era niño, a principios de la primavera, antes de que el sol hubiera derretido la nieve del campo, salí a dar vueltas por los bosques y encontré un objeto curioso, similar a una alfombra hecha de retazos. Pero parecía una alfombra bastante atractiva y muy bien trenzada, así que la tomé. Era más o menos del tamaño de un plato pequeño, y me la llevé a casa y dije: "Mira lo que he encontrado… ¿No es bonita? Es lisa, y parece una de esas alfombras trenzadas". En casa empezó a subir la temperatura, y te daré tres posibilidades para adivinar lo que había llevado a mi hogar. ¡Una serpiente! Se había enrollado y se echó a dormir. Se había envuelto en sí misma cuidadosamente, preparándose para el invierno. Pero seguía siendo una serpiente y, en cuanto subió la temperatura, se desenroscó.

Mi proposición es simplemente esta: todo está mal hasta que Jesús lo arregla. Pero tú dirás: "Seguro que en alguna parte hay algo bueno". Hay quienes defienden la bondad universal de la humanidad. Pero la verdad no respalda esa creencia.

Lo cierto es que todo se ha visto contaminado. El beso de la muerte reposa sobre todo lo que hay en nuestro mundo. En este planeta no hay nada que ayude a nadie a acercarse a Dios. Isaac Watts (1674-1748) formulaba esta pregunta en uno de sus himnos: "¿Es este mundo vil amigo de la gracia, que me encamina a Dios?". Por supuesto, la respuesta es que no.

El cerebro y el corazón están en guerra. El cerebro afirma una cosa y el corazón la rebate radicalmente. El cerebro se complace en todos los progresos modernos, mientras que el corazón nos dice "eso no satisface". El cerebro exige mejoras, mientras el corazón clama pidiendo eternidad. El corazón nunca estará satisfecho con los deseos del cerebro. El corazón fue creado para la eternidad, mientras que el cerebro se asfixia bajo la nube de la depravación.

En tu casa tienes un bonito horno moderno. Lo programas a la temperatura que deseas y te vas a comprar. Cuando vuelves, la comida ya está lista. A tu abuela le costaba un día y medio hacer lo que tu horno hace por sí solo en unos minutos, incluso aunque no lo vigiles. Tu naturaleza animal dice "Es el progreso. ¡Maravilloso!" Pero, en lo más hondo, si prestas atención, una voz susurra: "¡Oh, no, no lo es! No es maravilloso, es temporal. Es novedoso, pero es transitorio; es tan breve como un solo día". No pasará mucho tiempo antes de que otros aparatos mejorados sustituyan a aquellos que tanto te enamoran ahora. Y este círculo vicioso seguirá y seguirá sin acabarse nunca. A la luz de todo esto, creemos que estamos progresando, y que nuestra vida es más cómoda que la de nuestros antepasados.

Muchas personas están cautivadas por los juguetes de la sociedad contemporánea. Debido a los grandes progresos en nuestra cultura, algunos han cultivado la actitud de la "comodidad". A lo mejor van al infierno, pero por el camino van a estar cómodos.

Tu pobre corazón, en el que Dios puso el anhelo de la eternidad, no aceptará los juguetes electrónicos como sustitutos de la vida eterna. En tu interior hay algo demasiado grande para esto, demasiado terrible y maravilloso. Dios ha puesto eternidad en tu corazón. Todas las cosas de este mundo están ahí solo un instante, y luego desaparecen. Nadie puede satisfacer el deseo de eternidad que hay en el alma de todas las personas.

La búsqueda de lo eterno

Las cosas de este mundo son pasajeras. Nacen para vivir un solo día. Puede que sean cosas que nos gusten y que consideremos maravillosas. Pero el problema es que todo lo que disfrutamos es transitorio. Ese desfile pasajero está aquí hoy, y al cabo de unos instantes ya ha pasado. Una vez que se esfuma el desfile, buscamos alrededor de nosotros algo que ocupe su lugar. Pero todo es temporal, y solo proporciona un entretenimiento breve.

Me parece que todo el mundo se siente fascinado por algún tipo de juguete. El problema es que ese juguete es tan frágil que solo lo disfrutan un tiempo breve. La persona promedio pasa de un juguete a otro.

Un hombre cae en la crisis de la mediana edad y se compra un coche viejo con un motor mejorado, ruidoso y potente. Mediante cierto truco psicológico imagina que el ruido y la potencia de ese coche hacen de él algo más de lo que es. Su imaginación le dice que si se sube a un coche grande, será un gran hombre. Cuando ingresa en el vehículo, el rugido profundo de aquel estupendo motor lo hace sentir que por fin es un hombre... hasta que un policía que nunca pasó de quinto grado lo detiene y le da un sermón como si fuera un niño pequeño. El conductor experimenta una complacencia temporal cuando se sube al automóvil, pero no sabe que lo único que hace es que su alma profunda, y en la que Dios ha puesto eternidad, llore hasta la muerte. No presta atención al clamor por Dios y a la inmortalidad que lleva dentro.

Las mujeres de hoy día disponen de toda la comodidad imaginable, y creen que por fin están yendo a alguna parte. Tienen una vida más fácil que sus abuelas, pero no van a ninguna parte, al menos espiritualmente. Dentro tienen algo más grande que los rizos y las cejas depiladas, el nailon, la seda y el cuero fino. Más grande que un hogar encantador, una casa estilo rancho, un garaje y un automóvil; más grande que cualquier cosa que pueda darles el mundo. En el interior hay algo que clama, que es la voz de Dios que pide eternidad, vida eterna, liberación y esperanza, pero ellas la amortiguan bajo las tareas del hogar, deseando primero una cosa y luego otra. ¡Qué necios somos los mortales!

Ese gran algo que llevo dentro y que aprecia la eternidad no se satisfará si no la obtiene. Grita: "¡Eso es lo que yo quería!". No quiere religión, ni filosofía, ni civilización: estas son cosas demasiado recientes. Mi naturaleza animal quiere algo reciente, pero mi corazón profundo quiere algo eterno. Por lo tanto, Dios dice: "Te he hecho así, y tengo lo que quieres: el Verbo hecho carne para que habite entre ustedes. Y a quien lo recibe, a aquel que cree en su nombre, le doy la capacidad de convertirse en hijo de Dios". Es como un náufrago que flota en una balsa, y mira y ve tierra firme y grita de alegría con sus labios resecos. Ha encontrado algo sólido, y sabe que pronto llegará a tierra.

La civilización, la religión y todo lo que ha creado el hombre han traicionado a la humanidad. Sabemos que estamos flotando, y que estamos a punto de perecer. Entonces viene el Espíritu Santo y dice: "En el principio era el Verbo, y el Verbo estaba con Dios, y el Verbo era Dios". Allí está la eternidad, y la eternidad "fue hecho carne, y habitó entre nosotros... y todo aquel que en él cree no se pierda, mas tenga vida eterna" (Jn. 1:14; 3:16).

No me acerco al modernista para pedirle perdón. No acudo al liberal para excusarme. No me acerco al filósofo y le digo, avergonzado: "Perdone, es que soy cristiano". No, me dirijo a esas personas y les dijo: "Tengo lo que andan buscando. Esto es lo que necesitan. En su corazón hay algo creado para apreciar la eternidad, y nunca estará satisfecho a menos que reciba la eternidad, la inmortalidad y la promesa". Y añado: "Y yo lo tengo".

Pablo fue a Atenas y a Corinto, donde vio a aquellos filósofos tan cultos de su época, y les dijo: "Pues me propuse no saber entre vosotros cosa alguna sino a Jesucristo, y a éste crucificado" (1 Co. 2:2). Esa es la Roca, motivo por el que cantamos: "Roca de la eternidad, fuiste abierta para mí". Es la Roca que permanece. El náufrago ha llegado a la Roca, y no morirá. La Roca es sólida. Puede que él tiemble y se estremezca, pero la Roca nunca se mueve.

El punto de partida del cristianismo

Toda religión de este mundo tiene un origen. Ese principio se puede buscar en su fundador. Todas las religiones tienen un principio y también un final. El cristianismo es diferente. ¿Dónde empieza el cristianismo? No tiene principio ni final. El corazón humano desea aquello que no tiene principio y que tampoco puede tener un final; a saber, el Verbo, que estaba con el Padre en el principio; el Verbo, que era Dios; el Verbo, que *es* Dios. ¡Oh, qué maravilla que Dios nos dé esto, y al mismo tiempo qué terrible que muchos no lo acepten! ¡Qué terrible es que tengan que asustarnos para ir al cielo y nos estimulen con la amenaza del infierno!

El pecado de nuestra naturaleza animal nos ha arruinado. Pero, ¡oh!, que podamos volvernos a Dios y a Cristo y decir:

"Señor Jesús, ¡te creo! Creo que eres el Verbo eterno y que en ti tengo la eternidad que es equivalente a la de Dios. Tengo la vida eterna que estaba con el Padre". La vida que Dios nos ofrece no se centra en la duración. Se centra en la calidad, y la calidad de la vida que Dios nos da es su propia vida en tu corazón. Eso se ocupa de la duración y de todas las demás cosas.

Dios creó nuestras almas para que se satisfagan solamente con la eternidad divina del Verbo hecho carne.

El tiempo antes del tiempo

Todas las cosas por él fueron hechas, y sin él nada
de lo que ha sido hecho, fue hecho. En él estaba la
vida, y la vida era la luz de los hombres.
Juan 1:3-4

Quiero pedirte que hagas algo prácticamente imposible, equivalente a meterte dentro de un cesto, agacharte, aferrar las asas y tirar de ellas para subirte a una mesa. Eso sería imposible, y lo que voy a pedirte también lo sería, de no haber sido que cuando Dios hizo la mente humana, creó un instrumento maravilloso, flexible y resistente, capaz de hacer cosas que no pueden hacerse.

Aunque meterte en el cesto y levantarte hasta la mesa a fuerza de tirar sería físicamente imposible, lo que voy a pedirte sí que puede hacerse. Además, voy a halagar tu intelecto creyendo que puedes hacerlo, y luego confiaré en tu hambre espiritual para creer que querrás hacerlo.

Quiero pedirte que imagines que todo lo que existe ha dejado de existir. Desmonta el universo, piedra por piedra, lánzalas a la nada y deshaz todo lo que existe. Al hacerlo, no pretendo parecer tonto ni jugar con la verdad; solo quiero volver al punto en el que comienza este pasaje. Quiero que imagines que ha desaparecido todo aquello que te resulta familiar.

Quiero que comiences con ese arroyo impetuoso al que llamamos "tiempo". Deseo que, deliberadamente, sujetes las asas del cesto, te levantes en el aire y digas: "Hubo un tiempo en que no había tiempo". Dadas las limitaciones de nuestro idioma, tengo que usar la palabra de la que intentamos librarnos para pedirte que te deshagas de ella. Tengo que pedirte que pienses en un tiempo en que no existía el tiempo.

Luego quiero que borres el espacio. En la antigüedad, un kilómetro era bastante distancia, y dos eran un verdadero viaje para un caballo viejo y un carro. Ahora nos desplazamos con rapidez. Pero quiero que pienses que eso no existe, que desmanteles la idea, la descompongas, la expulses de tu cabeza y digas que no hay espacio. Entonces, la materia tampoco existe, y uno de sus atributos es la impenetrabilidad. Cuando la golpeo con mis nudillos, detiene mi mano. Eso es la materia. Adopta muchas formas, pero piensa en ese momento sin tiempo antes de que existiera el espacio, cuando no había materia.

Ahora borra de tu mente todas las cosas creadas, incluyéndote a ti mismo. Vuelve al vacío, y entonces borra el vacío. Para ayudarte, súbete a un cohete espacial y vuela hacia atrás, no en el espacio sino en el tiempo. Al retroceder en el tiempo te librarás de muchas cosas, y las más recientes serán las primeras en desaparecer. Igual que cuando subes en un avión y te remontas por el cielo, las cosas más cercanas son necesariamente las primeras que desaparecen, y a medida que subes y subes solamente ves el trazado general de las cosas que hay en tierra.

Desintegra todas las ciudades. Luego borra de la existencia todos los puentes, autopistas, hoteles famosos, barcos, trenes y automóviles. Además, remóntate por los años hasta la época en la que Colón descubrió América y en ese continente solamente vivían indígenas. Disponían de todo este territorio, que nosotros llamamos América del Norte, desde la bahía de Hudson hasta el Río Grande. Luego piensa en el día en que Abraham salió de

Ur de los caldeos, y más atrás, cuando solo vivían Adán y Eva. Ahora ve incluso más allá de Adán y Eva, borrándolos del mapa.

A estas alturas ya estás cerca del punto en que no existe absolutamente nada. Pero en realidad, solo estás en el punto que precede al tiempo.

Dios no tiene principio ni final

Dios no tuvo principio porque este término es propio de las criaturas, y significa que alguien estaba trabajando en algo. Dios empezó a trabajar en algo, trabajó un tiempo y lo acabó. Y tuvo un principio y un "final", una palabra que también es propia de las criaturas. Pero Dios no es un ser creado. Dios es el Creador, de modo que nunca podemos decir que tuviera un comienzo. Dios no podía recibir nada de nadie, porque Dios tenía todo lo que existía. Ve más allá de todo eso, adonde estaba Dios, y descubrirás que Dios no es consecuencia de nada.

Al no ser consecuencia de nada, Dios es absolutamente autosuficiente en sí mismo, y no necesita nada de nadie. Basándonos en algunas de las afirmaciones que he escuchado en los púlpitos por todo el país podrías pensar que Dios está en verdaderos apuros, que necesita ayuda inmediata. Al escuchar algunas de esas afirmaciones, alguno se sentiría tentado a decir: "El pobre Dios está en mal estado, y sin duda la crisis ha llegado al cielo. Pero si ofrendo con fidelidad, mejoraré la imagen de Dios y lo sacaré del apuro". ¡Qué fantasioso y lejos de la realidad! ¿Cómo va a ser posible que un mero mortal rescate a Aquel que es inmortal?

Dios no necesita tu dinero; y si quieres conservarlo y dejar que se oxide y arruinarte, hazlo. Pero no creas que si lo das, le haces un favor a Dios. No hay nada absolutamente que tenga alguien y que Dios necesite. "Si yo tuviese hambre, no te lo diría a ti; porque mío es el mundo y su plenitud" (Sal. 50:12).

Autosuficiente

La autosuficiencia de Dios significa, sencillamente, que no necesita nada fuera de sí. Si Dios padeciera cualquier tipo de necesidad lo incapacitaría como Dios.

Nunca imagines que los arcángeles, los serafines y los ángeles de los cielos son los pequeños ayudantes que el Dios todopoderoso creó para que lo ayuden a hacer las cosas, como un granjero puede contratar a diez hombres para que le ayuden en la época de la cosecha, de modo que no se quede atascado cuando llegue la temporada de las lluvias.

Dios pasó un momento maravilloso, glorioso, cuando creó el universo admirable; destinado a admirarlo a Él. Pero Dios no necesita nada, porque cuando le das algo a Dios, solo le das lo que Él te había dado antes. Todas las cosas que alguien le ha dado a Dios en la vida no lo enriquecieron al recibirlas. Y cuando Dios da algo, nunca pierde lo que regala. Si tú das diez dólares de cien, te quedan noventa, y eres diez dólares más pobre. Pero cuando Dios da algo, no lo pierde. Da sin desprenderse de lo dado. Da sin pérdida y recibe sin beneficio, porque Dios es todo y abarca todo, de manera que nunca recibió nada de nadie que Él no le hubiera dado antes.

Existe por sí mismo

Me inquieta el concepto que la Biblia define como "antes de la fundación del mundo", de modo que quiero aclarar aún más que Dios no necesita a su creación. Si necesitase algo, no sería omnipotente. Si Dios necesitara fuerza, no sería omnipotente, y si no fuera omnipotente no podría ser Dios. Y si necesitara consejo, no sería soberano, porque entonces no disfrutaría de su soberanía. Y si necesitara sabiduría, no podría ser omnisciente; si precisase respaldo, no existiría por sí mismo. Dios tiene que ser totalmente increado y existir por sí mismo. Así es Dios.

Estamos tan aplastados por el cúmulo de granos de polvo que componen el mundo, el tiempo, el espacio y la materia organizada que podemos olvidar que una vez Dios vivió y habitó, amó y existió sin nuestro apoyo, sin ayuda y sin ser creado.

El poeta y escritor de himnos Fredrick W. Faber celebra la autoexistencia de Dios en estos versos de "Ten misericordia de nosotros, Dios altísimo":

Cuando el cielo y la tierra aún no existían,
cuando el tiempo se desconocía,
tú, en tu bendición y majestad sumido,
viviste y amaste solo.

No fuiste nacido; no hubo una fuente
de la que fluyera tu ser;
no hay confín que no puedas alcanzar:
eres simplemente Dios.

¡Qué maravillosa es la creación,
la obra que tú bendijiste!
Y, ¡oh!, ¿cómo debes entonces ser tú,
belleza eternal?

En el principio

Cuando las Escrituras dicen "en el principio creó Dios", no se refieren al principio de Dios. Están hablando del principio de la creación. "En el principio de la creación, Dios hizo los cielos y la tierra"; de modo que esa frase "en el principio" no habla de la fecha de nacimiento del Dios todopoderoso. Se refiere al momento en que Dios comenzó a crear el tiempo, el espacio, las criaturas y los seres. De modo que Dios empezó a crear.

Hay muchas personas que se confunden con el tema de la materia. Los predicadores que suben al púlpito aumentan esa confusión diciendo "'¡Tenemos que luchar contra el materialismo!". Ese querido hermano no se molesta en explicar lo que quiere decir; da por hecho que todo el mundo lo entiende igual que él. Sin embargo, las personas buscan al enemigo alrededor pero no lo ven porque no saben qué aspecto tiene el materialismo; por consiguiente, no saben qué anda buscando el predicador.

El término "materialismo" no es más que una palabra difusa, pero muchas personas no saben interpretarla. Lo que significa simplemente es esto: hemos aceptado que la materia es el fin de todo. Todo aquello que puedes tocar, oler, gustar, manipular, ver y escuchar, todo aquello que incide en los sentidos, es la materia. Hay quienes dicen que la materia es lo único que existe, que no hay nada más. "Tanta charla sobre Dios, la vida espiritual y los seres espirituales no es más que superstición. Estamos aquí, en el mundo, y nada más, y nuestros cuerpos, mentes y la composición química dentro de nuestro cuerpo y nuestros nervios es lo único real".

Esta idea es el materialismo en su forma práctica, y es lo que quiere decir la gente cuando sostiene que tenemos que luchar contra él. No quiere decir que tengas que ponerte en pie, agarrar una espada y salir persiguiendo a alguien llamado Materia para darle unos sablazos. No, quiere decir que debes empezar a creer que "en el principio Dios", y que la materia solo es una creación de Dios.

El espacio y el tiempo

Dios lo creó todo, y todo tiene un propósito. Si examinas la creación a tu alrededor, verás que todo depende de todo lo demás. Nada es autosuficiente. Dios es el único que lo es. Todo está interrelacionado y sujeto a todo lo que lo rodea.

Dios creó toda la materia alrededor de nosotros, pero la materia no puede existir por sí sola. Necesitaba un lugar que ocupar, de modo que Dios creó lo que llamamos espacio; toda materia está almacenada en un espacio.

Entonces Dios creó el tiempo, en el que hizo lugar para el movimiento. El movimiento depende del tiempo, que en realidad es la secuencia del movimiento. El movimiento se despliega en un orden secuencial. Dios creó ese orden, y es dentro del ámbito del tiempo que las cosas cambian.

Una cosa creada condujo a otra cosa creada, y todas las cosas creadas se ajustaron correctamente entre sí. En la creación no hay nada que no sea necesario. Esta es la maravillosa y excelente sabiduría de Dios.

Nadie debe temerle al tiempo. El tiempo aún no ha herido a nadie. El tiempo es un medio en el que se producen cambios. Lo que hace que un bebé crezca no es el tiempo, sino los cambios. Las cosas cambian y, para que puedan hacerlo, debe haber una secuencia de cambio. No podemos tener 2 antes que 1. No puede haber un 3 antes que un 2, ni un 5 antes que el 4. Las cosas cambian siguiendo una secuencia, que es el tiempo.

Las leyes del universo

El propio Dios estableció las leyes de toda la creación. Estas leyes gobiernan el modo en que se comportan las cosas. Nada sucede por casualidad, ni lleva a cabo tareas independientes sin tomar en consideración todas las otras cosas de este mundo. En este universo todo funciona como una máquina bien aceitada. La ley gobierna el tiempo, el espacio y la materia, y eso es irreversible.

Estoy simplificando mucho, quizá demasiado. La ley, en esencia, es Dios que proclama: "Materia, te comportarás de determinada manera". Y al tiempo le dijo: "Ahora prolóngate y deja que las cosas se muevan; que haya una secuencia, de manera que los bebés crezcan y las cosas cambien, y no tengan que estar siempre atascadas en un punto".

Dios creó la vida para que esta fuera consciente de todo esto: el tiempo, el espacio, el movimiento y la materia. Pero eso no bastaba. En toda la creación de Dios no había nada que tuviera conciencia de Él. En todo el universo no había nada que pudiera relacionarse con Dios de una forma personal.

Entonces Dios creó el espíritu, para que fuésemos criaturas conscientes de Él. Organizó todas las cosas y las llamó cosmos; y los resultados son los que vemos en el mundo que nos rodea hoy.

Sé que esta es una manera simplista de exponer todo el asunto, y hacerlo con mayor profundidad exigiría una serie de libros complicados que explicasen todo acerca de nuestro universo. Ni siquiera entonces lograríamos explicar lo que ha hecho Dios en el mundo que nos rodea, o el principio del pensamiento humano.

Piensa en ese principio, cuando comenzaron todas las cosas: allá, al principio del Evangelio de Juan, el primer capítulo, primer versículo, primera frase: "En el principio". Esta frase sencilla plasma el momento en que empezaron el tiempo, la materia y el espacio, donde empezó la vida creada, la ley y el orden, la historia.

Cuando la gente habla de la prehistoria, se refieren a lo que sucedió antes de que el hombre inventase la escritura. Sin embargo, la historia no comenzó cuando el hombre anotó algo en un papel. Se comete un asesinato. Dos gánsteres se matan entre sí, y eso es historia. No se pone por escrito hasta el día siguiente. Fue prehistórico en el sentido de que sucedió antes de que los historiadores lo registrasen en la portada de un diario. Cuando decimos que algo es prehistórico, solo queremos decir que antecede a un registro escrito.

Fijémonos en las Escrituras. Quiero darte un breve bautismo de preposiciones. Quiero mostrarte tres preposiciones que tienen que ver con "el principio".

Él, respondiendo, les dijo: ¿No habéis leído que el que los hizo al principio, varón y hembra los hizo...? (Mt. 19:4).

Porque habrá entonces gran tribulación, cual no la ha habido desde el principio del mundo hasta ahora; ni la habrá (Mt. 24:21).

En el principio era el Verbo, y el Verbo era con Dios, y el Verbo era Dios (Jn. 1:1).

Por tanto, tenemos: "al principio", "desde el principio" y "en el principio", y todas las expresiones significan lo mismo. Se refieren a un momento en que Dios vivía en medio de una majestad y una gloria no creadas. El Padre vivía en amor con el Hijo; el Hijo vivía en amor con el Espíritu; y el Espíritu, el Padre y el Hijo vivían en la tranquilidad que no tenía principio ni puede tener final. Esa belleza maravillosa e increada de la unidad divina.

Cuando Dios empezó a crear, ese fue el principio. "Tú, oh Señor, en el principio fundaste la tierra, y los cielos son obra de tus manos" (He. 1:10). De manera que cuando la Biblia nos habla de la fundación del mundo, sabemos que se refiere al principio. Es el momento en que Dios inició todas las cosas.

La comunión con el infinito

Cuando eras joven y alguien quería hacerte reflexionar, despabilarte de un susto y hacer que te castañetearan los dientes, decía: "¿De dónde viene Dios?". Esa era una pregunta que solo formularía un necio, porque él no conocía las Escrituras ni el poder de Dios. La frase "de dónde" no puede aplicarse a Dios, porque significa que estaba en otro lugar y vino aquí, mientras que Dios está en todas partes. El cielo y la tierra están llenos de su gloria, y Dios no puede venir de ninguna parte. Pero todas las cosas proceden de Dios.

Fíjate qué dice Juan 1:1-2: "En el principio era el Verbo, y el Verbo era con Dios, y el Verbo era Dios. Este era en el principio con Dios".

Nos resulta difícil imaginar el vacío antes de la creación. Sin embargo, no hubo ningún vacío. Algunos hablan del vacío entre versículos en Génesis 1. Pero, técnicamente, no hubo vacío alguno tal como podríamos entenderlo. La palabra "vacío" es correcta y muy útil. Es un término útil; cuando no sabes qué más decir, dices "está vacío". Sin embargo, en el tiempo antes de la creación Dios estaba allí, y Dios es todo lo que existe. Dios es trino, y en aquel momento antes de la creación, la santa Trinidad estaba atareada con las misericordias eternas. En la mente de Dios bullían los pensamientos de misericordia y el plan de redención para la humanidad, de modo que en Efesios 1:4 leemos: "según nos escogió en él antes de la fundación del mundo, para que fuésemos santos y sin mancha delante de él".

Este misterio desafía toda explicación desde el punto de vista humano. Este misterio apenas puede explicarse en términos de la comprensión. ¿Cómo es que fuimos escogidos en Él antes de la fundación del mundo? ¿Cómo podemos pensar en un momento en que el tiempo no existía? ¿Cómo explicar un momento en que no había materia, ley, movimiento, relación, espacio, tiempo ni seres, solo Dios?

Entonces encontramos el conocimiento previo de Dios, porque en 1 Pedro 1:2 dice: "elegidos según la presciencia de Dios Padre en santificación del Espíritu, para obedecer y ser rociados con la sangre de Jesucristo: Gracia y paz os sean multiplicadas".

Luego encontramos: "ya destinado desde antes de la fundación del mundo, pero manifestado en los postreros tiempos por amor de vosotros" (v. 20). "En el principio creó Dios", pero esa no fue la primera actividad de Dios. Ya había estado ocupado antes. Además, Dios había estado eligiendo y predestinando desde el principio.

En Apocalipsis 13:8 leemos: "Y la adoraron todos los moradores de la tierra cuyos nombres no estaban escritos en el libro de la vida del Cordero que fue inmolado desde el principio del mundo", y ese fue un momento anterior a que Adán llegase a este planeta.

Hay personas que tienen un concepto de Dios que me alarma. No sé por qué tienen la idea de que Dios es como ellos pero, claro está, mucho mejor. Toman sus atributos humanos y los proyectan en Dios. Como resultado, tienen un Dios muy parecido a sí mismos, pero ante el cual nunca podría ponerme de rodillas para adorarlo. Es un Dios que no merece adoración.

Por consiguiente, cuando les suceden cosas inesperadas y se encuentran en un verdadero apuro, dan por hecho que Dios experimenta lo mismo que ellos. Yo nunca podría postrarme de rodillas y adorar a un Dios a quien tuviera que disculpar ante otros o que necesitara desesperadamente mi ayuda. Un Dios que precisa de mi ayuda no merece mi adoración. Si Dios me necesitara, no podría respetarlo y, si no pudiera respetarlo, no podría adorarlo.

En este sentido, a veces las convenciones misioneras no son más que una sesión que disculpa a Dios. A menudo el reto misionero se reduce a: "Vamos a ayudar a Dios, porque nos necesita mucho".

La verdad de este asunto es que Dios gobierna sobre este mundo, y las nubes no son más que el polvo de sus pies. Si no lo sigues, sales perdiendo, pero Dios no pierde nada. Seguirá siendo glorificado en sus santos y admirado en todos aquellos que le temen.

En aquel Gran Día, cuando llegue la consumación de todo lo que llamamos materia, ley, tiempo, espacio, ángeles, espíritus y mente, todo estará organizado en un cosmos redimido. Juntos, todos los redimidos se reunirán, cantarán y glorificarán al Dios que los hizo y dirán: "El Cordero que fue inmolado es digno de tomar el poder, las riquezas, la sabiduría, la fortaleza, la honra, la gloria y la alabanza" (Ap. 5:12).

Nunca debemos acudir a Dios como un gesto de piedad,

pensando que nos necesita desesperadamente. Debemos entregarnos a Dios porque Él es digno de ello.

Dios tiene un infierno preparado para aquellos que no quieren servirlo, desde el querubín que caminaba sobre las piedras de fuego hasta el obispo, papa o pastor que prefiere servir a su propia carne y al diablo antes que a Dios. Dios, que no necesita apoyo ni servicio, que no precisa nada, que habita en la perfección santa; Padre, Hijo y Espíritu Santo, por el amoroso impulso de su propio corazón, no estimulado, sin propaganda ni presión, ni siquiera de las oraciones, sino por el impulso de su propio corazón, dijo: "Haré para mí un mundo".

Así que hizo el mundo, y luego dijo: "Ahora lo he hecho todo, y crearé un ser maravilloso capaz de apreciarme, de manera que ni siquiera los ángeles pueden hacerlo, lo llamaré hombre y le daré una compañera, a la que llamaré mujer". De modo que Dios hizo al hombre a su propia imagen, varón y hembra los creó, y les dijo: "Fructifiquen y multiplíquense". Dios ordenó al hombre que fructificara y se multiplicara para que el mundo se llenara de otros seres que pudieran mirar las estrellas y decir: "¿Qué es el hombre, para que lo hayas creado?". Seres que puedan arrodillarse y decir: "Padre nuestro que estás en los cielos", y admirarlo, alabarlo y adorarlo. Todo esto nació del amor de Dios, no de ninguna necesidad que le fuera impuesta. Ningún ser mayor que Él podría exigirle nada. Lo hizo porque quiso hacerlo.

Deja sin abrir el periódico matutino; no lo toques. No enciendas la radio para enterarte de quién ha matado a quién; no te molestes. Simplemente, piensa un poco y, delante de Dios, dirígete estas palabras: "Me alegro de estar vivo. Me entusiasma que Dios me creara. Me alegro de haber nacido. Me encanta que Dios pensara en mí incluso antes del comienzo de todo. Estoy completamente cautivado por el hecho de que Dios me creara".

Recuerdo que leí un famoso poema de Robert Burns, muy divertido, titulado "Tam o'Shanter". Tam o'Shanter era un escocés que iba montado en una yegua llamada Ole Meg. Volvía a su casa de una fiesta alocada y se sentía un poco "contento", y pasó junto a una vieja iglesia. Allí había unas brujas danzando, y el espectáculo le llamó tanto la atención que se bajó de Ole Meg y se acercó a mirarlas. Ellas lo vieron, empezaron a perseguirlo, y él montó de un salto en su yegua y salió a todo galope cruzando el río.

En aquella época se pensaba que si una persona cruzaba una corriente de agua, las brujas no la podrían seguir. Una bruja más ágil que las demás le iba ganando terreno a Ole Meg y, justo cuando sus cascos golpeteaban el puente de madera, se agarró de la cola del caballo; Ole Meg, con un salto sobrehumano, logró liberarse, y a partir de entonces no tuvo cola, pero al menos puso a salvo a Tam.

Algunas personas creen que salvarse es precisamente aceptar a Jesús en el último salto, justo antes de que el diablo te agarre, quizá dejando algo atrás en sus manos pero, aunque jadeante, aterrorizado y cubierto de sudor, salvándose al final, gracias a Dios. ¡Qué tontería más grande es pensar esto!

El Dios todopoderoso, antes del principio del mundo, pensó en ti y planeó tu redención. En aquellos momentos antes de la creación, Dios pensaba en ti con amor; y cuando lo entristeciste con tus pecados, no quiso enviarte al infierno; un Cordero inmolado desde antes de la fundación del mundo vino a salvarte y a redimirte.

La conversión solo es un punto de partida. Cuando te conviertes a Cristo, eres una nueva criatura. Has salido de la antigua basura de Adán, has escapado de los restos por la gracia de Dios y has sido renovado. Además, Dios te introduce en su familia real y te entrega una medida cada vez mayor de su Espíritu Santo.

Entonces comienza el glorioso crecimiento, hacia arriba y hacia delante, y esa búsqueda feliz y santa de Dios que no tiene final. Todo empieza en la conversión. Se estimula y acelera en gran medida cuando eres lleno del Espíritu Santo. Seremos perfeccionados más en aquel día glorioso en el que vuelva Jesús; y ese estado nunca acabará, mientras Dios siga siendo infinito y el ser humano permanezca finito.

Lo único realmente importante

No sé qué supone esto para ti, pero para mí convierte a un lugar como Chicago en un lugar bastante sucio. Hace que el dinero me parezca algo bastante sórdido. Hace que la alabanza de los hombres me suene a hueco, y hace que me dé igual si le gusto a alguien o no; me da igual si están dispuestos a seguirme o si ni siquiera quieren venir a escucharme. La verdad es que este asunto me importa bien poco. A la luz de la eternidad y los pensamientos largos, largos de Dios, así como los planes de eternidad y de perfección, y de la consumación y la venida de Jesús, me pregunto qué es lo realmente importante.

Sin embargo, hay cristianos que sienten pánico por la posibilidad de ofender a algún amigo carnal. No quieren criticarlo, no sea que alguien los acuse de ser fanáticos. En este mundo nunca ha vivido un solo hombre bueno de quien un hijo del diablo no haya dicho que es un fanático. Y nunca ha habido un solo testimonio santo que haya sido dado por el aliento del Espíritu Santo sin que alguien no haya acusado de fanatismo a esa persona. Hay personas que prefieren la muerte antes de que los consideren fanáticos.

A la luz de la eternidad, y del largo, largo plazo, me pregunto si es muy importante lo que otros piensen de ti. Desde el punto de vista meramente político, no supuso una gran diferencia lo que pensaron sobre Abraham Lincoln. Las eras posteriores lo han justificado. También da lo mismo lo que pensaban de Martín Lutero; no ha tenido gran importancia.

De manera que el Señor Jesucristo te llama. Si fueras pagano, tendría que explicártelo, pero solo tengo que citar un versículo:

"Pero éstas [señales] se han escrito para que creáis que Jesús es el Cristo, el Hijo de Dios, y para que creyendo, tengáis vida en su nombre" (Jn. 20:31).

Cristo tiene todos los derechos sobre ti y sobre mí. Nadie sabe qué traerá el mañana, o ni siquiera esta noche o la próxima hora. Pero entre nosotros camina Alguien que ya caminaba entre los árboles antiguos. Entre nosotros camina Uno que ya se paseaba antes de que el mundo fuese.

3

El mundo hermoso que él creó

El Evangelio de Juan es tan profundo y está tan repleto de verdades que yo insultaría al Espíritu de verdad si lo pasara rápidamente. Comentar aprisa la frase "En el mundo estaba, y el mundo por él fue hecho; pero el mundo no le conoció" (Jn. 1:10) tiene consecuencias nefastas.

El pronombre "le" se refiere a aquel de quien se habla en Juan 1:1: "En el principio era el Verbo, y el Verbo era con Dios, y el Verbo era Dios". Y en el versículo 10 dice: "En el mundo estaba, y el mundo por él fue hecho; pero el mundo no le conoció". Todo esto se refiere a un momento anterior a la encarnación; no se refiere a la venida de Cristo a Belén, sino al mundo de la humanidad desde sus comienzos.

En este prólogo encontramos relacionadas las palabras "Verbo" y "mundo", con una relación de causa y efecto. El "mundo" siempre es un efecto, el "Verbo" es siempre una causa, y no existe un solo momento en que el mundo sea una causa, ni un instante en que el Verbo sea un efecto. El "Verbo" era y el "Verbo" creó el mundo. El *logos* ("verbo" en griego) hizo el mundo, y debemos acatarlo. De modo que tenemos el "Verbo" y el "mundo". El mundo que ves alrededor no llegó a existir por sí solo, sino que es un efecto de lo que la Biblia llama el Verbo.

Es necesario que definamos un poco el término "mundo", de modo que quiero comentar que en la Biblia esta palabra tiene tres significados, de los cuales solo dos nos interesan ahora. El tercero significa "eras", pero el prólogo no se centra en las eras cronológicas. El prólogo usa el término "mundo" en dos de sus sentidos: naturaleza y humanidad. Y en ambos casos se trata de la misma palabra en griego, y se usa sin una distinción clara; de modo que cuando la Biblia dice "en el mundo estaba, pero el mundo no le conoció", tenemos dos significados del vocablo "mundo", y el contexto debe decirnos cuál de los dos es el correcto, porque en el original se trata de una palabra precisa.

El "mundo" como naturaleza

La palabra "mundo" procede de una raíz que significa "cuidar, ocuparse de algo, asistir". Esto es evidente con solo leer las Escrituras, aunque nunca hayamos consultado un diccionario de griego. También significa "disposición ordenada", además de "ornamento".

El orden

Para el observador informal, el mundo que nos rodea está ordenado. No creo que me equivoque si me refiero al mundo como "la monotonía del orden". Todo el mundo ve que la noche viene tras el día, el invierno sigue al verano y no se ha producido un solo cambio desde el principio de los tiempos. El mundo de Dios está ordenado. Esta monotonía del orden es bastante esencial para todo lo que existe en la naturaleza. Sin ella, la naturaleza se desmoronaría en escombros caóticos.

Un mundo de incertidumbres sería impropio de Dios, porque las Escrituras afirman claramente: "pues Dios no es Dios de confusión, sino de paz" (1 Co. 14:33). Siempre que veas confusión puedes estar seguro de que algo anda mal. El desorden en el mundo implica que hay algo fuera de lugar. Normalmente, en la esencia de todo desorden encontrarás al hombre en rebelión contra Dios. Todo empezó en el huerto de Edén, y continúa hasta nuestros días.

Toda la naturaleza ha llegado a esperar de Dios un sentido de orden. Todo lo que hace Dios lleva consigo su huella intransferible. Y en el mundo que nos rodea esa huella de orden es evidente para cualquiera que interprete honestamente los hechos. Si contemplas la naturaleza, descubrirás una exactitud matemática. Sin esta precisión, el mundo se sumiría en la confusión absoluta. Uno más uno siempre son dos, independientemente de la parte del universo en la que te encuentres. Y las leyes naturales funcionan con una hermosa armonía, una armonía que ha ordenado el propio Dios.

Un mundo hermoso

No solo esperamos que Dios haga un mundo ordenado que funcione con una armonía perfecta, sino que también sea hermoso. Y no es difícil ver que el mundo que nos rodea está lleno de belleza. Cuando contemplamos el mundo, sobre todo desde ese punto de vista, no podemos evitar ver su belleza. Una vez volé por encima del Gran Cañón y no pude menos que maravillarme frente a la increíble belleza de la creación divina. Hizo que apreciase intensamente la capacidad creadora de Dios.

Los compositores de himnos de la Iglesia han hecho un estupendo trabajo que nos recuerda la hermosa creación de Dios. Las palabras de "Por la belleza del mundo", de Folliot Sandford Pierpoint (1835-1917) expresan precisamente esto:

Por la belleza del mundo,
por la gloria de los cielos,

por el amor que nos rodea
desde nuestro nacimiento,
Señor de todo, elevamos
cantos de loor agradecido.

El escritor del himno puso en un lenguaje melodioso una verdad: que Dios hizo el mundo hermoso con su orden.

El motivo por el que Dios creó el mundo tan hermoso fue para complacerse a sí mismo. Todo lo que hizo le complació en cierto sentido. Leemos esto en Apocalipsis 4:11: "Señor, digno eres de recibir la gloria y la honra y el poder; porque tú creaste todas las cosas, y por tu voluntad existen y fueron creadas".

Cuando vemos algo hermoso, debemos entender que es, simplemente, lo que fue creado para ser así. Dios no hizo nada feo. Sé que en este mundo hay algunas criaturas extrañas, pero cada una de ellas aporta cierto grado de placer al Creador. Él creó todo esto para su deleite. Solo podemos imaginar el gozo que extrae Dios de algunas de las cosas que he visto.

Hay un viejo dicho que escuchamos a menudo: "La belleza está en el ojo del que la mira". ¿Puedo atreverme a modificarla un poco y hacerla más correcta desde el punto de vista bíblico? "La belleza está en el ojo del Creador". Para mí esto tiene más sentido. He visto a bebés con una carita que solo podría encantar a su madre. Yo no digo nada porque todo bebé es hermoso para sus padres. ¿Por qué? La respuesta es evidente: los padres ven algo de sí mismos en el pequeñín.

Cuando nos acercamos a Dios y a su punto de vista sobre el mundo que nos rodea, lo que Él ve es hermoso. El motivo es sencillo: todo lo que Dios creó lo creó con un propósito, y ese propósito le aporta un placer puro. Dios contempla su maravillosa creación y, en cierto sentido, se ve a sí mismo.

Cuando pensamos en algo feo, pensamos en algo que está realmente fuera de lugar. Y aunque por ahora hay algunas cosas en este mundo que están fuera de lugar y, por lo tanto, son feas, Dios, que creó todas las cosas, se asegurará de que todas ellas recuperen el propósito para el que fueron creadas.

Todo artista ama su creación, porque pone en ella una parte de sí mismo. Quizá otros no aprecien la belleza de la obra, pero el artista ve lo que otros no ven: lo que quiso crear.

El motivo de que las cosas estén fuera de lugar, como lo están ahora, es el pecado. Cuando Dios creó al hombre y lo puso en el huerto, todo era perfecto. En ninguna parte podía verse ni rastro de nada feo. Dios contempló todo y declaró: "Es bueno". El mundo que creó Dios y en el cual puso al hombre era perfecto y bueno. Dio gran deleite y placer al Creador.

El pecado trajo el desorden, y en ese desorden había fealdad. Fue una rebelión contra Dios y contra su propósito creativo. Para restaurar la belleza del mundo que hizo, Dios envió al Redentor para que todas las cosas recuperasen el propósito que tuvieron en la creación. Solo los redimidos tienen la capacidad de amar lo que Dios ama y complacerse con lo que complace a Dios.

Gracias a la belleza y la majestad inalteradas de la creación de Dios comenzamos a entender por qué Dios aprecia tanto las cosas hermosas. Lo único que ensucia la creación de Dios es la intervención del ser humano.

Un mundo útil

El mundo de Dios es ordenado y decorativo, pero también útil. Al examinar la creación de Dios, se me ocurre algo sencillo: que nada fue fruto de un capricho. Dios no es como el hombre, que hace las cosas impulsivamente, y luego tiene motivos para lamentarse por lo que ha hecho. Yo he hecho cosas y más adelante las he lamentado, y he descubierto que lo que había hecho no obedecía a ningún propósito práctico.

Con Dios no pasa esto. Todo lo que hace Dios tiene un propósito y una intención subyacentes en el diseño. Es un diseño magistral, y todas las cosas, aun las pequeñas, tienen un lugar y una función determinados.

El mero hecho de que yo, un hombre finito, no entienda todo lo que hace un Dios infinito no es motivo para dudar de sus propósitos. Yo puedo entrar en un taller y ver todas las herramientas y aparatos que son importantes para el trabajo de aquella persona. Por ejemplo, a lo mejor sobre una mesa hay un instrumento pequeño que no sé para qué sirve ni cuál es su propósito. Pero en manos del artesano, esa pequeña herramienta tiene un propósito bien definido y hace lo que se espera de ella.

El hecho de que la mesa de trabajo del artesano tenga un aspecto caótico, como si nada estuviera en el lugar que le corresponde, no quiere decir que en su mente no haya orden ni propósito. En el mismo sentido, no voy a acusar a Dios de crear un montón de cosas innecesarias, que no tienen un propósito en el esquema general de las cosas hechas por Dios, tan solo porque no las comprendo.

Concedo que a veces es difícil entender el propósito funcional de algo. Por ejemplo, mi padre no entendía qué propósito puede tener un mosquito. Desde su punto de vista, era un insecto pequeño y molesto, y no tenía ningún propósito. Sin embargo, yo creo que dentro de la creación de Dios todo tiene un propósito bien definido. Puede que en ese momento no lo entienda, y puede parecer algo totalmente fuera de lugar carente de propósito, pero todo lo que Dios hace tiene en su esencia un propósito útil.

En la primera parte del libro de Génesis vemos que la funcionalidad fue el primer plan de Dios. Dios dijo: "Sea la luz" (Gn. 1:3). Y Dios vio que era algo bueno, que tenía un propósito, y separó la luz de las tinieblas. El propósito de esto fue la funcionalidad. Dios llamó a la luz día y a la oscuridad la llamó noche. Y todo lo que leemos en los siete primeros capítulos de Génesis nos muestra un hermoso ejercicio de utilidad. Dios creó un mundo ordenado con un propósito, dándole un motivo para su existencia.

Debemos tomar este aspecto del carácter de Dios y aplicarlo al tema de los hombres y las mujeres. Así es exactamente como funcionan las personas. Durante la fundación de nuestro gran país, los pioneros viajaron hacia el oeste y lucharon por levantar sus hogares. El primer gran propósito de esos hogares era la funcionalidad. No eran gran cosa desde el punto de vista estético, sino un refugio frente a los elementos inclementes. Cumplían un propósito. Y, como sucede en todas partes, lo primero siempre es la utilidad. Lo que Dios crea tiene, antes que nada, una faceta de funcionalidad. Tiene un propósito específico.

Un mundo decorativo

Después de que Dios lo creara todo, lo remató con su proclamación: "Es bueno". ¿Y para quién era bueno? Dicho en pocas palabras, lo que Dios veía era bueno ante sus ojos. No solo tenía un propósito funcional, sino también decorativo. No solo satisfacía sus requisitos de orden y de utilidad, sino que era agradable a sus ojos. Primero, Dios hacía una cosa útil, y luego le añadía decoración.

Algo puede ser útil pero tener un aspecto desagradable. Podemos trabajar con ello, pero desde el punto de vista estético seguirá teniendo un aspecto espantoso. Dios decora todo lo que hace con un maravilloso sentido de la belleza. Todo lo que hace Dios es agradable a su vista.

Cuando Dios hizo el universo, le resultaba tan fácil hacerlo encantador como hacerlo sin atractivo. Por supuesto, habría sido útil incluso si las nubes hubiesen sido cuadradas y pintadas de gris oscuro. Serían útiles pero no agradables de ver, y nadie le escribiría jamás un soneto a una nube cuadrada pintada de gris militar. Pero los poetas han escrito sonetos sobre las hermosas nubes algodonosas que flotan en el cielo azul.

¿Por qué hizo Dios el cielo azul cuando cualquier otro color habría bastado? Dios dijo: "Ese es un color muy bonito, ¿verdad?". Le gustó. Hay algo en el color azul que agrada a Dios. Entonces nos creó a ti y a mí, y en nosotros también hay algo que le agrada.

Durante la creación, Dios podría haber creado una cosa larga, recta y fea y haberla llamado río. Habría cumplido su propósito, alimentado a los peces y hecho todas las cosas que puede hacer un río. Pero Dios, en su sabiduría y su gracia, trazó con su dedo el curso del río y le permitió rodear un árbol, una colina y serpentear por un valle. Luego lo rodeó de árboles hermosos, arbustos y flores. También le permitió captar el azul del cielo y reflejarlo como un hermoso espejo.

La utilidad es una cosa y la belleza es otra, pero Dios es capaz de hacer cosas tan útiles como hermosas. Eso es lo que significa el término "mundo".

El "mundo" como humanidad

El primer sentido de la palabra "mundo" es naturaleza, y podemos ver cómo Dios la ha llenado de su presencia. El segundo sentido de esta palabra es humanidad. No es una referencia a las nubes, las colinas o las peñas en los ríos, sino a todo el mundo humano organizado y caído. Dios envió a su Hijo a redimir a este "mundo".

Antes de que Cristo viniese al mundo, este era un reflejo de la gloria del Verbo, el Verbo que todo lo llena, y de la voluntad de Dios que se movía creativamente por su universo. Y cuando Jesucristo se encarnó en un cuerpo humano, no dejó de ser el Verbo omnipresente que llena el universo y se mueve entre nosotros. No dejó jamás de ser lo que siempre fue y siempre será.

Ahora está entre nosotros. Es la luz "que alumbra a todo hombre" y "venía a este mundo" (Jn. 1:9), y que ahora ha descendido al mundo de la humanidad.

Escucha esto: "Porque en él fueron creadas todas las cosas, las que hay en los cielos y las que hay en la tierra, visibles e invisibles; sean tronos, sean dominios, sean principados, sean potestades; todo fue creado por medio de él y para él" (Col. 1:16). El Verbo que todo lo llena, que está en el mundo, es el elemento cohesivo del universo. Por eso no nos desintegramos. Él es, para el universo, como el cemento y el magnetismo que lo mantiene todo unido. Él sostiene su universo. Esto es lo que hace en su universo, ese es el motivo de que esté ahí. El mundo en que vivimos no está muerto. Lo único muerto es el pecado. Habitamos en un mundo vivo, un mundo espiritual, cohesionado por la presencia espiritual del Verbo invisible.

¿Y qué hace? "El cual, siendo el resplandor de su gloria, y la imagen misma de su sustancia, y quien sustenta todas las cosas con la palabra de su poder, habiendo efectuado la purificación de nuestros pecados por medio de sí mismo, se sentó a la diestra de la Majestad en las alturas" (He. 1:3).

¿Cómo es que este mundo nuestro no se desintegra? ¿Qué es lo que mantiene todo unido? ¿Por qué no se descompone el universo entero en una nada caótica? El motivo es que hay una presencia que cohesiona todas las cosas; hay Uno que sostiene todas las cosas por la palabra de su poder. El hombre, que se siente cómodo en sus conocimientos, cree que entiende bien el universo. Cree que lo ha reducido todo a una fórmula científica que puede demostrar o refutar siempre que quiera. El universo está en sus manos. Pero este universo, y toda la naturaleza, están plenamente en manos de Dios, que lo mantiene todo unido.

Opino firmemente que solo las leyes espirituales pueden explicar este universo. Vivimos en un mundo espiritual, motivo por el cual el científico nunca logra llegar a la raíz de las cosas. El científico cultivado solo maneja cosas que puede ver, tocar, gustar, y con las que puede experimentar, pero no sabe qué las dota de cohesión. Combina dos productos químicos y tiene lugar una reacción determinada, y escribe al respecto diciendo: "¿Dónde está Dios?". Dios es quien te induce a hacer eso. Dios es quien sustenta todo. El científico dice que una estrella, dentro de 2510 años y 20 minutos, estará en determinada posición. Luego dice: "¡Ya lo tengo! He expulsado a Dios de su mundo. Soy capaz de predecir dónde estarán las estrellas". El científico actúa como si él mismo hubiera colgado esas estrellas del firmamento. ¡Qué necio! Las estrellas no serían otra cosa que polvo si Dios no dirigiera todo el proceso y se encargara de sustentarlo. Dios sostiene todas las cosas mediante la palabra de su poder.

¿Qué hace Dios en su universo, ese *Logos* presente que todo lo llena? "Levantad en alto vuestros ojos, y mirad quién creó estas cosas; él saca y cuenta su ejército; a todas llama por sus nombres; ninguna faltará; tal es la grandeza de su fuerza, y el poder de su dominio" (Is. 40:26). Esta es una de las figuras literarias más hermosas de toda la Biblia. Creo que es un digno acompañamiento del Salmo 23, pero en este caso en vez de tratar con los seres humanos habla de las estrellas. El hombre de Dios dijo: "Levantad en alto vuestros ojos, y mirad quién creó estas cosas".

¿Qué cosas? Esos objetos relucientes, destellantes, diamantinos, que contemplan el campo y la ciudad, cuya luz se refleja en las aguas calmas del mar. Esas estrellas, incrustadas en lo profundo de los cielos. ¿Quién creó esas estrellas que forman un ejército? ¿Por qué lo forman? Para cambiar un poco la metáfora, diremos que son como ovejas, y tenemos la imagen de un pastor que saca a sus ovejas por su número y las llama a todas por nombre; las cuenta a medida que salen, las nombra y las conduce por la hierba verde del prado, llevándolas junto a aguas apacibles. El profeta Isaías, pensando en las ovejas, vio la hueste sideral como si se tratara de un rebaño, y Dios, el gran Pastor, las llama por nombre mientras van surcando el espacio interestelar, tal como Él las numeró, diciendo que están todas en su sitio y llamándolas por su nombre. Y como es un Dios poderoso, no falta ni una.

Esta es la figura retórica más majestuosa y elevada de toda la Biblia, sin excepción posible. Podemos contemplar el cielo estrellado y saber que los astrónomos nos han dicho que la propia Vía Láctea no es en absoluto una vía, sino simplemente una confusión de estrellas a muchísimos millones de años luz, que se desplazan en una dirección prefijada. Dios las llamó y conoce su número, y las llama por su nombre, igual que un pastor llama a sus ovejas.

Una presencia y una luz

En nuestro país tenemos la tradición de creer que en este mundo existe una ley divina. Benjamín Franklin, que no era lo que podríamos llamar un cristiano fundamentalista, sugirió que cuando el Congreso estuviera en apuros, debería pararlo todo y orar. Muchos de ellos no eran cristianos en realidad, pero creían en Dios. Creían que había un Dios en este mundo, que estaba gobernado por una ley divina. Ese fue el fundamento de nuestro país.

Aunque nuestros padres fundadores no eran cristianos fundamentalistas, y muchos no habían nacido de nuevo, la mayoría tenía una creencia reverente y profunda en la presencia de Dios en este mundo. Todas las leyes, normas y reglamentos que nos han llegado de aquellos tiempos proceden de hombres que creían que Dios existía. Eso no los salvó, pero los hacía muy distintos a muchos que hoy día rechazan la existencia de Dios. Hoy en día, en Washington y otros lugares, hay personas cuya idea de Dios es tan cínica que quizá mencionen su nombre de vez en cuando en sus discursos, pero viven toda su vida como si Él no existiera realmente.

Cuando te levantas por la mañana, hay una presencia que no sientes. Hay una luz que no ves. Te levantas por la mañana y hay una voz, pero no puedes oírla, y entonces dices: "No me prediques: 'Vete a predicar a los desesperados de los barrios bajos'". ¿No sabes que delante del gran tribunal de Dios tu pecado es más profundo que el del drogadicto que está tumbado en la cuneta de un callejón?

Otros son adictos al placer, y se entregan a los placeres de la carne, cualquier cosa para arrebatarle la seriedad a la vida –cualquier cosa para evitar reconocer que existe una presencia; cualquier cosa para evitar saber que existe una luz y una voz.

Puedes vestirte con ropas caras y conducir el modelo más nuevo de automóvil; puedes tener una casa que no te puedas costear, y llenarla de cosas que no tengan más de un año. Quizá cuentes con un ascenso y esperas que te irá bien en la vida. Pero serás un hombre inmoral hasta que hayas reconocido el hecho de que no estás solo en este universo: Dios está allí. Que existe una presencia y una voz que alumbra a todo hombre, y te des cuenta de que el fundamento de tu vida no es físico sino espiritual, y que Dios es digno de que te vuelvas a Él con todo tu corazón.

Es extraordinario pensar que cuando nuestro Señor quiso señalar la trampa más peligrosa de todas no mencionó las cosas malas. Dijo que la trampa más peligrosa consiste en vivir y olvidarse de que Dios existe.

Esto es lo que anda mal en Estados Unidos. Cualquier tipo de pecado condenará a la persona que no se libre de él mediante la sangre del Cordero.

Cabe destacar que Jesucristo se especializa en hablar de esas cosas inocentes que, por sí solas, están bien, pero cuando nos concentramos en ellas hasta el punto que aunque hay una presencia, no lo sentimos a Él; hay una voz, pero no lo escuchamos a Él; hay una luz, pero no lo vemos a Él, entonces somos personas profanas. "Perezca el día en que yo nací, y la noche en que se dijo: Varón es concebido. Sea aquel día sombrío, y no cuide de él Dios desde arriba, ni claridad sobre él resplandezca" (Job 3:3-4).

El único pasaje de las Escrituras para aquel hombre profano

que ha olvidado que Jesucristo existe es: "En el mundo estaba, y el mundo por él fue hecho; pero el mundo no le conoció" (Jn. 1:10). El ser humano tiene una responsabilidad para con Dios: Él lo hizo; es un efecto, no una causa, el efecto de una causa. Y está en las manos de Dios, aunque no lo sabe. Dios lo enviará al infierno porque se ha olvidado de que existe Dios. Bendice de labios a la iglesia y presta un servicio intelectual a la religión, pero es profano porque no ve la presencia ni la luz, no escucha la voz que dice: "Venid a mí todos los que estáis trabajados y cargados, y yo os haré descansar" (Mt. 11:28).

Yo puedo aportar mi testimonio personal. Cuando era un muchacho ignorante de diecisiete años que vagaba por las calles al este de Akron, entré en una iglesia y oí decir a un hombre: "Venid a mí todos los que estáis trabajados y cargados, y yo os haré descansar. Llevad mi yugo sobre vosotros, y aprended de mí, que soy manso y humilde de corazón; y hallaréis descanso para vuestras almas" (Mt. 11:28-29).

Yo carecía de todo tipo de trasfondo bíblico. En esencia no era otra cosa que un pagano; pero cuando escuché aquellas palabras, me conmoví hasta lo más hondo de mi alma. Empecé a sentir una presencia. Empezó a parecerme que escuchaba una voz y veía tenuemente una luz. Aunque seguía siendo un pagano perdido, me estaba acercando. Jesús dijo: "no estás lejos del reino de Dios" (Mr. 12:34).

No pasó mucho tiempo antes de que, una vez que caminaba por *Market Street*, llegué a *Case Avenue*, al pie de la colina, y vi a un predicador callejero. Aún puedo verlo en mi mente. Era alemán, y hablaba con un fuerte acento de su país; tenía una marca de nacimiento de color vino que le desfiguraba una parte del rostro. No era muy atractivo, pero lo que dijo se grabó a fuego en mi corazón: "Si no sabes orar, ve a tu casa y dile a Dios: 'Dios, ten piedad de mí, que soy pecador'". ¿Y sabes una cosa? Lo hice. Entré en la casa de mi Padre y hallé lugar para mis pies.

Simplemente, ponte de rodillas. Hay muchísimas cosas sobre cómo encontrar a Dios que no tienes por qué saber. La luz brilla, la voz llama y la Presencia está ahí. Todo esto llega a su clímax cuando las Escrituras dicen: "y aquel Verbo fue hecho carne, y habitó entre nosotros" y "vimos su gloria, gloria como del unigénito del Padre" (Jn. 1:14); de modo que ahí está hoy. Se fue con su cuerpo humano, pero su Verbo eterno y omnipresente sigue con nosotros.

LA FACETA TRÁGICA DE LA ENCARNACIÓN DE CRISTO

A lo suyo vino, y los suyos no le recibieron.

Juan 1:11

A menudo decimos que es maravilloso que Dios se haya encarnado, habitara entre nosotros y caminara en nuestro mundo. Sin duda fue algo maravilloso y misterioso, pero existe una faceta de su venida que es más trágica de lo que incluso una capacidad como la de William Shakespeare podría reflejar.

Estas palabras, "a lo suyo vino", me fascinan. En el principio del Evangelio de Juan descubrimos lo que hacía Cristo antes de la creación del mundo. Juan usa palabras muy sencillas: "estaba", "en él estaba", "estaba con", "era Dios", "estaba en". Aunque son palabras muy sencillas, son la raíz de la teología y de toda la verdad. Entonces, en Juan 1:11, por primera vez se nos ofrece una sugerencia de la encarnación. "A lo suyo vino"; este es el primer indicador. Antes de eso, había estado en el pasado eterno o desde la creación, pero antes de la encarnación. "En él estaba la vida", "en el principio era", "en el principio... era Dios", "todas las cosas por él fueron hechas, y sin él nada de lo que ha sido hecho, fue hecho"; y "aquella luz verdadera, que alumbra a todo hombre, venía a este mundo".

No puedo sustraerme de la maravilla de estas palabras: "él

vino". En estas dos palabras se condensa la historia de la piedad, la misericordia y el amor redentor: "él vino". Toda la piedad que Dios es capaz de sentir, toda la misericordia que es capaz de demostrar y toda la gracia redentora que puede derramar su corazón se sugieren, como mínimo, en estas dos palabras sencillas: "él vino". Todas las esperanzas, anhelos, aspiraciones y sueños de inmortalidad que habitan en el corazón humano obtuvieron su cumplimiento en esas dos palabras.

Me pregunto si esto no nos sugiere que la simplicidad siempre es lo mejor, y que uno puede decir más con pocas palabras que con muchas. Y esta brevedad derrota el aluvión incesante de palabras a las que son propensos muchos predicadores. La Biblia nos dice: "él vino", y con él todas las esperanzas de la humanidad; el hombre siempre ha sido una criatura con esperanza.

En su *Ensayo sobre el hombre*, Alexander Pope escribió: "La esperanza brota eterna en el corazón humano; el hombre nunca existe sino para ser bendecido". Captó la esencia de lo que siempre está presente en el corazón humano. El hombre en su peor manifestación, en el peor de sus días, revolcándose en la suciedad y echado en la porqueriza, posee un corazón que aspira a cosas mejores. El hijo pródigo tumbado en la porqueriza recordó la casa de su padre y se dijo: "¿Qué hago aquí?". Puede estar allí tumbado y no levantarse nunca, pero aspira, recuerda. Y toda la raza humana tiene sueños de inmortalidad.

Nadie quiere oír: "Los restos de Fulano estarán en la funeraria Tal y Tal". En nosotros hay algo que lucha contra la muerte hasta el amargo final. Nuestras mentes no la aceptan. Todo el mundo sabe que morirá, pero nadie cree que vaya a morir. No pueden imaginarlo intelectualmente, y no se someten a ello. Toda la humanidad alberga esperanzas de inmortalidad y sueña con una vida venidera. ¿De dónde procede este sueño? ¿Por qué está presente en toda la humanidad? Dicho en pocas palabras, hemos sido hechos a imagen de Cristo. En lo profundo de nuestra alma creada hay un eco de la inmortalidad. Y todo esto se resume aquí en estas dos palabras de una y dos sílabas: "él vino", que ocupan sólo seis letras en una línea; sin embargo, lo que nos dice aquí es más profundo que cualquier filosofía.

Reunamos en un solo lugar todas las grandes filosofías de todas las culturas, desde el inicio de los tiempos, y ninguna de ellas se acercará siquiera a la maravilla y a la profundidad de las palabras "él vino".

Estas palabras, muy infravaloradas, son más hermosas y elocuentes que toda oratoria, más musicales que cualquier música, y más líricas que cualquier canto, porque nos dicen que nosotros, que habitamos en las tinieblas, fuimos visitados por la Luz. Ojalá que cuando cantamos "Jesús es la luz del mundo", nuestros rostros tuvieran una expresión que hiciera creer al mundo que lo decimos de verdad. Ojalá nos entusiasmara tanto esta idea como los creyentes de los primeros tiempos.

John Milton celebró la venida de Jesús al mundo en su poema "La mañana de la natividad de Cristo", una de las odas más hermosas jamás escritas:

Este es el mes, y esta la mañana feliz
en la que el Hijo del Rey eterno de los cielos,
de doncella desposada y madre virgen nacido,
nos trajo gran redención de los cielos;
pues esto cantaron los santos sabios de otros tiempos,
que nuestra carga letal nos quitaría,
y con su Padre obraría en nosotros la paz eterna.

Esa Forma gloriosa, esa Luz insoportable,
y ese fulgor radiante de la Majestad,
con la que se sentaba a la alta mesa del Consejo celestial,
sentado en medio de la unidad Trinitaria,
dejó a un lado; y para estar con nosotros

renunció a las cortes del día sempiterno,
y eligió con nosotros una casa oscura de barro mortal.

Esta fue la descripción que hizo Milton de la encarnación, y me deleito en la belleza de sus palabras.

Aunque "él vino" lleva consigo la fascinación y el deleite que superan toda descripción, Juan dice luego que "a lo suyo vino". Por muy rica y hermosa que sea la primera frase, la segunda la lleva un paso más lejos. Las palabras "a los suyos" son muy similares en español, pero sin embargo el uso que les dio Juan fue totalmente distinto. El primer "a lo suyo" se traduce como "sus propias cosas", "su propio mundo", "su propio hogar". "Vino a su propio mundo", "vino a su posesión", "vino a sus propias cosas". Una traducción dice: "Vino a los de su propio pueblo, y hasta ellos lo rechazaron". De modo que ese "los suyos", usado en la segunda frase, es notoriamente diferente al término similar usado en la primera. "Vino a su propio mundo, y su propio pueblo no supo quién era él y no lo recibió".

Aquí lo que se dice es que "vino a su propio mundo". Pues este es el mundo de Cristo. Este mundo que compramos, vendemos, gestionamos, del que nos enseñoreamos y que tomamos por la fuerza de las armas, este mundo es el de Cristo; él lo hizo y es su dueño.

Algunas personas hacen mucho aspaviento con lo de que Dios "es nuestro huésped de honor esta noche". Incluso algunos llegan hasta el punto de decir: "Dios es nuestro socio principal". Como es lógico, esto es totalmente ridículo. Quienes afirman que Dios es su socio principal dirigen su negocio como les da la gana mientras la empresa lleve su nombre. Nuestro Señor Jesucristo no es un invitado; tampoco es el "socio principal" de nadie. Es el dueño de todas las cosas.

En torno a la Navidad, la gente dice cosas agradables sobre el bebé Jesús. Incluso los medios de comunicación seculares dirigen palabras cariñosas al Cristo niño. Cristo no necesita que lo mimemos, no necesita que nadie actúe como su agente de relaciones públicas. No es un invitado: es el anfitrión, y nosotros somos sus huéspedes. Estamos aquí porque él quiere. Estamos aquí por su amor, porque él nos ha hecho y nos ha traído aquí. Y este mundo es su mundo, y puede hacer lo que quiera con él, y nadie lo puede reprender. Puede hacer lo que quiera con la vida, la muerte y la naturaleza. Y puede hacer lo que quiera en ese momento poderoso y cataclísmico al que llamamos juicio.

Por extraño que resulte para algunas personas, el Señor Jesucristo no necesita que lo defendamos, ni tampoco hemos de excusarlo. Es muy capaz de defenderse a sí mismo y de hablar por sí solo. Un Dios que necesita que lo defendamos no merece nuestra adoración. Aquel que creó todas las cosas, incluyendo el suelo que pisamos y en el que edificamos nuestras moradas temporales, no necesita que nadie vaya por ahí excusándolo.

Tampoco necesita que nadie se apresure a ponerse de su parte y diga: "¡Un momento! Dios no quiere decir eso. Envió el juicio sobre Sodoma y Gomorra, pero no significa realmente eso, sino otra cosa". Pues significa exactamente eso, y cuando dice que el Dios todopoderoso convirtió a la esposa de Lot en una estatua de sal, significa precisamente eso. Y cuando la Biblia nos dice que hay un infierno al que irán los malvados, eso es lo que quiere decir. No significa otra cosa.

Dios no me necesita, ni a mí ni a nadie, para que me levante y lo excuse e intente explicarlo de tal manera que el mundo lo entienda. Mi misión es acudir y postrarme ante sus pies, como un pecador cubierto de llagas, y decirle: "Tócame y límpiame". Y me levanto sobre mis pies y contemplo los cielos y digo: "En otro tiempo fui pecador, pero ahora estoy redimido, y el Señor me ha salvado, y ahora soy su hijo y puedo mantener la cabeza en alto".

Dios creó este mundo en el que vivimos, de modo que es su mundo. Si soy cristiano, este es el mundo de mi Padre. Pertenece a la Trinidad. No es mío, y vivo aquí por la santa gracia de Dios. Todo lo que toco pertenece a mi Padre. El aire, los vientos, las nubes, el maíz y el trigo que se mece, y los bosques de árboles altos y nobles y los ríos que fluyen; todo es suyo.

G. Campbell Morgan, en su libro *The Crises of the Christ* ("Las crisis del Cristo") señala que muchas personas tienen un concepto equivocado de Jesús en el desierto. Cuando Jesús fue al desierto para ser tentado por el diablo, pasó allí 40 días y 40 noches, viviendo con las bestias del campo. Morgan dijo que la gente entendía mal esto. Lo compadecíamos, nos preguntábamos como podría soportar estar con los animales, y pensábamos que esas criaturas querrían atacarlo y los ángeles tenían que protegerlo.

Campbell Morgan dijo, con razón: "No, no fue así". Los animales salvajes reconocieron a su Rey y se arrastraron a sus pies, lamiéndolos sin duda, y echándose a su lado. Reconocieron a su Señor y Creador, e incluso el león de piel dorada sacudió la melena y se arrodilló junto a su Salvador, y el mismo oso que habría devorado a otro hombre se postró y gimió a los pies de aquel hombre que ayunó 40 días y 40 noches.

En lugar de compadecer a Jesús por aquellas horas o días terribles pasados con las bestias del campo, deberíamos recordar que estaba totalmente a salvo, porque ni una sola garra afilada podía rasgar la piel del hombre que era Dios, ni un solo colmillo clavarse en el hombre que era Dios. El propio viento soplaba para complacerlo. Iba creciendo en cuerpo y en sabiduría; la propia tierra que pisaba le sonreía; las estrellas contemplaban por la noche su humilde cabaña de carpintero; y los vientos, las lluvias y la nieve eran su fortaleza. Estaba en armonía con la naturaleza. El mundo natural no estaba en su contra; solo lo estaba el ser humano.

Como cristiano, es totalmente posible estar más en armonía con la naturaleza que el mundo no salvo. Francisco de Asís estaba en armonía con la naturaleza, y ha maravillado al mundo. Algunos se han reído, otros se han burlado y otros han enarcado las cejas y se han preguntado si estaría en su sano juicio. Pero Francisco estaba tan entregado a Dios, tan lleno y controlado por la presencia del Espíritu Santo, que toda la naturaleza era su amiga.

Las Escrituras dicen: "desde los cielos pelearon las estrellas" (Jue. 5:20). Y si las estrellas en sus órbitas lucharon contra el enemigo, esas mismas estrellas en sus cursos lucharon a favor del amigo de Dios. Creo que también es posible estar sintonizado hasta tal punto con Dios que las propias estrellas y sus órbitas estén de nuestra parte. Y la naturaleza sonríe y reconoce a su Rey. Y Dios, cuando hizo a Adán, dijo: "ahora te encargarás de todo esto", y llegó el pecado y lo estropeó todo. Cuando se quita el pecado, entiendo que Francisco de Asís pudiera predicar a las aves y llamar amigos al viento y a la lluvia, y a la luna su hermana, y vivir una vida de deleite porque el mundo bendito de Dios lo recibía.

Fíjate en la humanidad hoy día para ver cuántos llevan la carga de la vergüenza. ¿De qué nos avergonzamos? ¿Qué hay en nosotros, que fuimos creados a imagen de Dios, que provoque vergüenza? Solo una cosa, y es el pecado. No es el mundo que Dios creó; porque si quitásemos el pecado del mundo, no habría nada que temer o de qué avergonzarse.

No habría una sola persona enferma en el mundo; nadie sería víctima de un crimen atroz; no habría ningún criminal entre rejas ni una persona insana encerrada en un sanatorio mental.

No habría ni una sola evidencia del mal. Si quitaras el pecado del mundo, podrías dejar abierta la puerta de tu casa. Podrías llevar tu dinero en el bolsillo de los pantalones, en lugar de meterlo en un banco, tras barrotes y con un policía que lo vigile. Y podríamos pasear por cualquier lugar de la ciudad sin miedo a que nos lastimen; todo esto si pudiéramos quitar el pecado del mundo.

Según el relato del Evangelio, vemos que Jesús no estuvo enfermo ni una hora, y que nunca tuvo lesiones. Llevó al Calvario un cuerpo perfecto, y aunque llevó nuestras enfermedades, se debió a que estas fueron derramadas sobre él. El Dios todopoderoso tomó esa cisterna llena de inmundicia, de residuos burbujeantes, viscosos, nocivos, venenosos, llamada pecado, y la vertió sobre el cuerpo de Jesús. Él murió bajo nuestros pecados y nuestras enfermedades, pero nunca cometió pecado ni estuvo enfermo.

Por qué los suyos no lo recibieron

Cualquier estudiante de historia puede señalar fácilmente algunos de los grandes errores de nuestros tiempos. No sería difícil señalar el mayor error moral en la historia del mundo, que fue cuando Cristo vino a nuestro planeta y el mundo no lo recibió. Vino a lo suyo, y los suyos no lo recibieron. Incluso la oruga subida a una hoja recibió a su Rey, pero los judíos, el pueblo del Señor, lo rechazaron.

La Biblia habla de esta ceguera: "Y dijo: Anda, y di a este pueblo: Oíd bien, y no entendáis; ved por cierto, mas no comprendáis. Engruesa el corazón de este pueblo, y agrava sus oídos, y ciega sus ojos, para que no vea con sus ojos, ni oiga con sus oídos, ni su corazón entienda, ni se convierta, y haya para él sanidad" (Is. 6:9-10). Eran víctima de la ceguera moral y espiritual, y no lo reconocieron. Fue la paga del Dios todopoderoso por el pecado que cometieron, y no lo reconocieron.

¿Por qué no lo recibieron los suyos? El mundo natural lo recibió porque era el Dios de la creación, pero la humanidad no lo recibió.

Hubo cinco motivos por los cuales los suyos lo rechazaron y el mundo actual lo sigue rechazando.

Un cambio en las prioridades

El primer motivo para rechazar a Cristo tiene que ver con las prioridades personales. Recibir a Jesús cuando estaba en el mundo hubiera supuesto una posible pérdida financiera. Tenemos un ejemplo en el joven rico (Mt. 19:16-30). Para él, seguir a Jesús hubiera supuesto perder todas sus propiedades, porque el Señor le pidió que se librase de ellas. Y las personas de los tiempos de Jesús no lo recibieron porque amaban su dinero más de lo que amaban a su Dios.

¿Por qué la gente no lo recibe hoy? La respuesta es sencilla y compleja a la vez. Para recibir a Jesucristo como Él exige, es necesario que le des la espalda a todo, lo cual puede suponer una pérdida económica. Algunas personas, si quisieran seguir a Jesucristo, tendrían que dar la espalda a su negocio muy lucrativo. Pero me dices: "No lo creo. Creo que pueden glorificar a Dios donde estén". Admito que hoy día se habla mucho de esto. No importa lo que estés haciendo, no puedes decir "soy cristiano" y empezar a dar testimonio donde te encuentres.

Aceptar a Jesucristo supone no comprometerse en absoluto con el mundo.

Yo he sugerido que si las cosas dentro de los círculos evangélicos siguen yendo de mal en peor, pronto llegará el momento en que imprimiremos Juan 3:16 en la base de una jarra de cerveza, de modo que cuando un tipo se la beba y vea en el fondo el mensaje de salvación, puede llegarle a la vista. Y las casas de mala nota tendrán folletos evangelísticos que las chicas darán a sus clientes. Hay cosas que no puedes hacer si eres cristiano, y más vale que lo reconozcas cuanto antes.

Los judíos del Antiguo Testamento querían hacer lo que les apetecía, y rechazaron a Jesús porque sabían que, si lo aceptaban, no podrían hacerlo. Y hay personas que, contando con toda esta revelación, esta luz y esta información, siguen sin recibir a aquel a quien reciben los mismos ángeles, las estrellas y los ríos. Y es que saben que tendrán que renunciar a algo; podría suponer una pérdida financiera.

Un cambio de hábitos

El segundo motivo tiene que ver con nuestras costumbres. Para los judíos, recibir a Jesús hubiera significado un cambio en su forma de vida. Se negaron a permitir que se alterase el patrón de su vida. Sus hábitos estaban firmemente establecidos, y nadie iba a cambiarlos.

Esto sigue pasando hoy. Recibir a Jesús supone un cambio en nuestra manera de vivir. Algunas personas no piensan cambiar su estilo de vida sin importar lo que pase. No se pasarán a la clandestinidad. Estoy seguro de que este es el efecto de mi predicación sobre algunos: los hace pasar a la clandestinidad. De vez en cuando dejo caer alguna bomba para sacar al descubierto a esas personas. En su mayoría se tapan los oídos y se esconden mejor. Pero no cambian su estilo de vida, y Dios sabe que es así. Pasan a esconderse, y es tan malo ser pecadores clandestinos como pecadores al descubierto.

La purificación personal

El tercer motivo para rechazar a Cristo tiene que ver con la purificación personal. Aceptar a Cristo hubiera supuesto una limpieza interior a fondo. Jesús enseñó que los puros de corazón verían a Dios, que los tristes serían consolados, que los mansos heredarían la tierra y que los misericordiosos serían bendecidos.

Este motivo sigue repeliendo a muchos hoy día. Antes de que Cristo regrese tendrá que haber una limpieza a fondo, por no decir radical.

Una cosa de la que puedes estar seguro es que el pesebre de Belén estaba limpio. María no tuvo a su hijo en un pesebre sucio. No era el lugar más agradable ni elegante, pero estaba limpio. Era sencillo, simple, tosco, pero estaba limpio. Para el acontecimiento echaron heno limpio, no creas que no. José nunca hubiera permitido que María y su bebé yacieran en un pesebre mugriento. Incluso ellos sabían que Jesús no podía estar en un lugar sucio.

Algunas personas prefieren la suciedad al Hijo de Dios. Prefieren vivir en las tinieblas que venir a la luz. "Y esta es la condenación: que la luz vino al mundo, y los hombres amaron más las tinieblas que la luz, porque sus obras eran malas" (Jn. 3:19). Esta es la razón por la que la gente no lo recibe hoy. Tienen la Biblia, un himnario, iglesias, predicadores en la radio y evangelistas. Tienen oportunidades, tienen luz, información, pero no lo reciben porque, si lo hacen, tendrán que limpiar sus vidas. Algunas personas no quieren hacerlo. No quieren que sus casas estén limpias; les gusta la mugre.

Un cambio de dirección

El cuarto motivo por el que la gente no aceptaba a Jesús es porque eso habría supuesto un cambio radical de dirección para sus vidas. Habría supuesto una limpieza a fondo de su vida y una negación de sí mismos. Él dijo: "tome su cruz y sígame" (Mt. 16:24).

Por extraño que parezca, muchos prefieren el pecado a Jesús; prefieren tener buitres aposentados en su corazón antes que la paloma del Espíritu. Mientras los buitres estén ahí, la paloma nunca descenderá. Mientras que en el corazón esté la suciedad del mundo, Jesucristo nunca entrará. "A lo suyo vino, y los suyos no le recibieron" porque amaban la suciedad. A la gente le gusta la suciedad moral. Puede que tengan un aspecto respetable, lleven ropa de moda y zapatos brillantes, conduzcan el último modelo de coche, dispongan de una cocina y un baño modernos y vivan apretando botones; pero en su corazón sigue habiendo una ciénaga. Jesucristo no entrará hasta que la hayas drenado.

"A lo suyo vino, y los suyos no le recibieron". Hoy pasa lo mismo. Cuando el Señor dice: "Muy bien, te ayudaré a librarte de este caos", decimos: "No, Señor, este caos nos gusta. Crecí rodeado de él. Quiero ser respetable, quiero estar limpio por fuera, y quiero que el sepulcro que es mi vida esté bien limpio y pintado, pero no quiero librarme de los huesos que hay dentro. Me encantan esos huesos, y no quiero librarme de ellos".

Algunas personas limpias, respetables, bien arregladas, salen de la iglesia el domingo por la mañana y se llevan consigo los huesos de hombres muertos al santuario de su alma. No dejan que Jesucristo entre y limpie el templo. Prefieren tener podredumbre.

"Que cada uno tome su cruz y me siga". No queremos hacer eso. Pocos quieren comprometerse tanto.

Arriesgarse a aceptar la verdad sincera

El motivo por el que rechazaron a Cristo es porque les hubiera exigido tener fe en lo invisible. Tendrían que haberse puesto en manos de Dios. Tendrían que haber renunciado a sus comodidades tangibles y haber confiado por completo en Jesucristo.

Antes de que nos creamos mejores que aquellos judíos que no lo recibieron hace dos mil años y los acusemos, no olvidemos que no ha cambiado nada. Al señalarlos pretendemos apartar la culpa de nosotros. Alivia un poco nuestra conciencia recordarnos que fueron los judíos quienes no lo recibieron. Pero yo advierto que no debemos caer en semejante autoengaño.

Después de dos mil años de tradición que llevamos a cuestas —algo que los judíos no tenían—, nosotros, más que nadie, deberíamos aceptar y recibir a Jesucristo. Tenemos una revelación que los judíos no tuvieron. Ellos disponían del Antiguo Testamento; nosotros tenemos el Antiguo y el Nuevo. Tenemos información con la que no contaban los judíos del Antiguo Testamento. Tenemos una luz que ellos no tenían. Disponemos de oportunidades que no conocieron, y sentimos la urgencia, por medio de la presencia del Espíritu Santo, que ellos no sintieron. No pienso ni por un segundo que debamos perder el tiempo criticando a los judíos y consolando nuestros propios corazones carnales diciendo: "Vino a lo suyo, y los suyos no le recibieron". Con eso solo edificaríamos los sepulcros de nuestros padres, como dijo Jesús, y seríamos tan malvados como quienes mataron a los profetas. Es mejor que nos cuidemos de nuestros propios corazones.

Amamos más nuestro pecado

Aquí tenemos a "la luz del mundo", el mismo Hijo de Dios, y no logramos reunir el impulso o el entusiasmo necesarios para dejar de parecer aburridos cuando hablamos de Él.

Me pregunto si realmente nos hemos convertido. Nadie puede comprender el cristianismo a menos que forme parte del mismo. No podemos distanciarnos y observarlo para comprenderlo; debemos convertirnos mediante un milagro, y entonces entenderemos el cristianismo. Entonces entenderemos a Dios y a Cristo. Pero hasta que recibimos a Jesucristo, ese poder que hace milagros y transforma en la luz, no puede haber ninguna salvación ni podremos entender las cosas de Dios.

Toda la naturaleza lo recibió. La mismísima lombriz que se arrastra por el camino cumple la palabra de Dios. "Alabadle, estrellas luminosas", dice el Espíritu Santo. "Alabadle, árboles, bosques, colinas y montes. La bestia del campo me glorificará", dice el Espíritu Santo. Y toda la naturaleza canta para recibir a su Señor. Un ser humano pequeño, duro, egoísta y pecaminoso rechaza al Hijo de Dios.

Creo que esto es más terrible que las bombas atómicas, más espantoso que las guerras devastadoras y que las enfermedades. ¿Qué le responderemos cuando la naturaleza que Él creó lo recibe y nuestros corazones dicen: "Quiero mi dinero, quiero a esa mujer, quiero la fama, quiero ese empleo, quiero ese placer, quiero, quiero"? Siempre "quiero". La tragedia de la humanidad es que el Hijo de Dios esté fuera de todo esto.

Si algún Shakespeare pudiera escribir la tragedia de la humanidad, una obra vasta, elemental, ilimitada, inescrutable, se resumiría en que amamos el pecado más de lo que amamos a nuestro Dios. El mundo que nos rodea cantaba cuando Él vino y volverá a hacerlo cuando regrese en gloria, pero nuestros corazones duros no lo harán. La tragedia consiste en que lo hemos rechazado de nuestros corazones porque queremos hacer las cosas a nuestro modo. Y la forma de hacer lo que queremos es poner a Jesucristo en la acera de enfrente. Las estrellas lo reciben, y las aves, los gusanos, el gato, pero nosotros lo dejamos en la calle.

Deberíamos avergonzarnos de nosotros mismos, y abrir la puerta de nuestro corazón para dejarlo entrar. "Vino a su mundo y este lo recibió, pero vino a los suyos y no lo recibieron." ¡Qué terrible! Esta es la faceta trágica de la venida de Cristo a este mundo.

5

EL MISTERIO DEL VERBO ENCARNADO

*Y aquel Verbo fue hecho carne, y habitó entre
nosotros (y vimos su gloria, gloria como del unigénito
del Padre), lleno de gracia y de verdad.*

Juan 1:14

A menudo la palabra "misterio" se usa descuidadamente y, por consiguiente, se ha utilizado mal. Tenemos un misterio similar a los de Sherlock Holmes: limítate a reunir todas las pistas y lo resolverás. Pero cuando se usa el término "misterio" en el sentido en que lo he usado en relación con Cristo, tiene que ver con esa faceta de Cristo que nunca se puede descubrir. El apóstol Juan intenta elevarnos al misterio de Dios y a los círculos de la deidad, mucho más allá del alcance humano. Son reinos tan altos, sublimes y nobles que es imposible que los entendamos. Lo único que puedo hacer es mirar a lo alto maravillado, y anhelar el misterio de Dios.

La frase que suscita ese sentido de misterio es "y aquel Verbo fue hecho carne" (Jn. 1:14). En seis sencillas palabras, el apóstol expresa el misterio más profundo del pensamiento humano: cómo la deidad pudo salvar el abismo que separa lo que es Dios de lo que no lo es. Aunque el ser humano, mediante todos sus progresos científicos, ha hecho del mundo un lugar muy complejo, el apóstol Juan destila el universo entero en dos campos: lo que es Dios y lo que no lo es. Para explicar este misterio con las palabras más sencillas que sea posible, diré que el universo está compuesto de lo que es Dios y de lo que no es Dios, y que todo lo que no es Dios fue hecho por Él, pero a Dios no lo hizo nadie. El misterio se complica por el hecho de que entre lo que es Dios y lo que no es Dios existe un abismo grande e insuperable.

El misterio más profundo del defecto humano es cómo el Creador pudo acercarse a la criatura. Cómo el "Verbo", es decir, Cristo, pudo hacerse "carne", es decir, criatura, es uno de los misterios más asombrosos que podemos plantearnos. Puede que a algunos no les parezca tan asombroso, pero quienes han meditado en el tema se quedan atónitos ante el abismo insalvable entre lo que es Dios y lo que no lo es. Hay un abismo fijado, un inmenso vacío de infinitud, y escapa a nuestra comprensión cómo hizo Dios para salvar ese vacío y unirse a sus criaturas, y poner límites a lo ilimitado. En el lenguaje que escuchamos más a menudo, ¿cómo puede lo infinito volverse finito, y cómo puede aquello que no tiene límites ponérselos a sí mismo?

La arrogancia del ser humano es lo que lo induce a creer que es el único orden de seres creados, o al menos a actuar como si lo fuera. La Biblia enseña claramente que la humanidad no es más que un orden dentro de la creación de Dios. Hay ángeles, querubines, serafines, criaturas, vigilantes, santos, y todos esos extraños principados y potestades que caminan tan oscuramente y tan brillantemente en las páginas de la Biblia. A la luz de esto, ¿por qué iba a favorecer Dios a unos sobre otros? En el libro de Hebreos leemos: "Porque ciertamente no socorrió a los ángeles, sino que socorrió a la descendencia de Abraham" (He. 2:16).

Si hubiéramos podido hacerlo, conociendo a la humanidad como la conocemos, podríamos haber sentido la tentación de elegir al orden de los ángeles o de los serafines, suponiendo que eso no sería descender tanto como en el caso del hombre. Está claro que Abraham no era igual a los ángeles. El misterio es que Él descendió hasta el orden más bajo de todos, adoptando la naturaleza y la simiente de Abraham. Incluso Pablo, al que se lo considera uno de los seis intelectos más poderosos de todos los tiempos, tuvo que levantar las manos y decir: "¡grande es el misterio de la piedad!" (1 Ti. 3:16).

A menudo recuerdo las palabras sabias de John Wesley: "Distingue el acto del método por el que se realiza ese acto, y no rechaces el acto porque no sepas cómo ha sido hecho". Al abordar el misterio de aquello que es Cristo encarnado, inclinamos con reverencia nuestras cabezas y confesamos: "Es así, Dios, pero no sabemos cómo". No rechazaré el hecho porque desconozca la operación por el que se llevó a cabo.

La encarnación de Cristo está envuelta en un misterio impenetrable que nunca podremos desvelar con nuestro pensamiento finito. Pero hay una cosa que podemos saber con seguridad: la encarnación no exigió ningún compromiso para la deidad. Cuando "el Verbo se hizo carne", su deidad no se resintió. Antes de su encarnación, Cristo era deidad absoluta; después de ella, era tan Dios como antes. Su deidad no padeció nada cuando se hizo carne. Este misterio nos abruma cuando meditamos en la persona de Cristo.

El antiguo mundo grecorromano estaba lleno de dioses que, de una forma u otra, hacían concesiones. Pero el Dios santo, que es Dios y todo lo demás no es Dios, ese Dios que es "nuestro Padre que está en el cielo", nunca reduciría su deidad. Este misterio de la encarnación se llevó a cabo sin que la deidad dejase de serlo en ningún sentido. Dios no se degradó debido a esta condescendencia. En ningún sentido dejó de ser algo menos que Dios. Siguió siendo Dios, y todo lo demás siguió sin serlo; el abismo seguía ahí, incluso después de que Jesucristo se hiciera hombre y habitase entre nosotros. De modo que, en lugar de que

Dios se degradase cuando se hizo hombre, mediante el acto de la encarnación Jesús puso a la humanidad a su altura.

Dios y el hombre juntos

A mí personalmente me gusta pensar en esas primeras etapas del ser humano. Leo y medito con gran interés sobre esos primeros capítulos de Génesis. Lo que realmente me alegra el alma es la comunión que Dios disfrutaba con Adán y Eva en el Huerto. Estoy seguro de que era recíproca. Leo con gran fascinación que Dios descendía a pasear en el Huerto en medio del frescor del día, y tenía comunión con Adán y Eva. Esa comunión era algo habitual para ellos, porque Dios hizo al hombre a su imagen y no se degradaba en absoluto por el hecho de tener relación con él.

Por maravillosa que fuera esa comunión, fue solo temporal. Las Escrituras nos dicen que Dios podía habitar con el ser humano "al aire del día"; entonces, algo interrumpió esa maravillosa comunión.

Al principio Dios habitaba con el hombre. Era una comunión maravillosa, pero Adán y Eva pecaron, obligando a Dios a expulsarlos de aquel entorno del Huerto, alejados de su presencia. Después de eso, Dios no volvió a habitar con el ser humano de la misma manera. De vez en cuando aparecía en lo que los teólogos llaman una teofanía, una aparición de la deidad. Pero Él habitaba en la *shekiná*, oculto en el fuego y en la nube.

Tenemos muchos ejemplos de Dios que camina con los hombres. Pero se trataba de algo intermitente y temporal, si lo comparamos con lo que sucedía antes de la caída.

Tomemos por ejemplo a Enoc. La Biblia dice: "Caminó, pues, Enoc con Dios, y desapareció, porque le llevó Dios" (Gn. 5:24). Imagino la comunión que debieron tener los dos. Entonces, un día, el paseo duró más de lo habitual, y Dios miró a Enoc y le dijo: "Mi casa está más cerca. ¿Por qué no te vienes a pasar la noche?" Y Enoc desapareció.

Luego tenemos a Abraham, el amigo de Dios. "Y se cumplió la Escritura que dice: Abraham creyó a Dios, y le fue contado por justicia, y fue llamado amigo de Dios" (Stg. 2:23). No sé qué título podría preferir yo antes que "amigo de Dios". El mero hecho de pensar en ello provoca anhelos y deseos en mi corazón hacia Dios. ¡Qué comunión maravillosa tenían esos dos "amigos"!

El Antiguo Testamento está lleno de ejemplos como estos, pero esos encuentros eran breves y, en su mayor parte, velados: cuando Dios se manifestó a Moisés en el fuego de la zarza o mientras Moisés estaba escondido en la hendidura de la peña, aunque Dios solo permitió que viera el borde de sus vestiduras. Los ojos de los hombres no podían contemplar la majestad de la deidad.

Dios, que en otro tiempo vivió intermitentemente con los hombres, de repente vino al mundo "y el Verbo se hizo carne y habitó entre nosotros". Ahora habitaba entre los hombres en persona, y llamaron su nombre Emanuel, que significa "Dios con nosotros".

Quiero que te fijes en tres preposiciones. Fíjate que cuando Jesús apareció como hombre, lo hizo para habitar *con* los hombres en persona, para unirse *a* ellos, y finalmente para habitar *en* ellos para siempre. De modo que vino a habitar con los hombres, vino a ellos y a estar en ellos.

La gloria del Hijo

El apóstol Juan dijo: "y vimos". ¿Sobre qué llama la atención? Simplemente, sobre la gloria del Hijo. Pero, ¿cuál era esa gloria? Cuando miramos al Hijo, ¿cuál es la gloria que se manifiesta?

¿Es la gloria de sus obras? Los Evangelios hablan de las obras poderosas y los milagros que hizo Jesús. Desde aquel primer milagro de convertir el agua en vino hasta el último, Jesús era un hacedor de prodigios. Entre sus obras se cuentan alimentar a los 5000, sanar a los enfermos, resucitar a los muertos, caminar sobre el agua, expulsar demonios. Todos estos fueron milagros dramáticos.

Recuerdo un gran himno que a menudo se canta en la iglesia, "El amor de Dios", escrito por Frederick M. Lehman (1868-1953):

Si fuera tinta todo el mar,
y todo el cielo un gran papel,
y cada hombre un escritor,
y cada hoja un pincel.
nunca podrían describir
el gran amor de Dios,
que al hombre pudo redimir
de su pecado atroz.
(Trad. desconocido)

Hacia el final de su Evangelio, Juan escribe: "Hizo además Jesús muchas otras señales en presencia de sus discípulos, las cuales no están escritas en este libro" (Jn. 20:30). Ni siquiera Juan pudo llevar la cuenta de todas las maravillas y milagros que hizo Jesús. Todo lo que hizo nuestro Señor mientras caminó entre ellos fue maravilloso. Pero, ¿es esta la gloria de la que habla Juan? ¿Es esto lo que captó su atención y provocó su admiración?

A lo largo del ministerio de Jesús, todo lo que hizo fue maravilloso. ¡Qué tierno, qué amable fue con aquella mujer que llevaba más de 12 años con flujo de sangre, y que recibió una súbita sanación, cuando Él, con una sola palabra, detuvo el flujo de su sangre! Ella se fue, con un rostro radiante, para contar a todo el mundo que el borde de la túnica de Jesús tenía poder de sanación. De modo que las obras de nuestro Señor fueron siempre dramáticas e increíbles.

Y vimos su gloria

A menudo escucharás sermones en la radio que dan una importancia crucial a la sanación física del cuerpo y a las obras milagrosas. Ojalá pudiera adoptar esa interpretación y decir que la gloria de Jesucristo radicaba en su capacidad de expulsar demonios, sanar a los enfermos, resucitar a los muertos y aplacar las olas. Sin duda que eso era maravilloso, y esos milagros atrajeron ciertas alabanzas sobre su persona, pero creo que había una gloria mayor que los meros prodigios, y que manifestó nuestro Señor.

Debemos tener siempre en mente que lo que Dios piensa de una persona es más importante que lo que esta piensa de sí misma. Por lo que a Dios respecta, lo que es un hombre siempre es más importante que lo que hace. Juzgamos a una persona por su rendimiento, por lo que puede contribuir al mundo. Pero Dios ve en lo profundo de su ser, llegando hasta la misma esencia de lo que es esa persona. Dios busca bondad. Lo que Dios busca es su carácter y su personalidad. A Dios nunca le impresiona lo que puede hacer una persona.

Ahora apliquemos esto a Cristo. ¿Qué fue lo que le dio la gloria? Lo que hizo de Él la persona gloriosa de la que habla Juan fue el hecho de ser quien era. Su gloria radicaba en el hecho de que era perfecto en medio de un mundo sin amor; era pureza en un mundo impuro; era mansedumbre en un mundo cruel y problemático. Cristo era exactamente lo contrario de todo lo que era el mundo. Eso fue lo que lo hacía glorioso. "Y vimos su gloria" se refiere a la devoción inmortal de Cristo, a su sufrimiento paciente y a su vida inagotable, y la gracia y la verdad que obraban en Él. Era la gloria del unigénito del Padre, lleno de gracia y de verdad. Eso es lo que hacía maravilloso a Jesús; esa era su gloria entre los hombres.

El mundo actual conoce poco de estas cosas. Los hombres y las mujeres, en sus ajetreos alocados, inspirados por el dinero y motivados por el beneficio, no celebran el gran milagro de la conversión del agua en vino. Tampoco celebran los actos de sanación que hizo Jesús: la resucitación de los muertos, la maldición de la higuera, o cualquiera de los otros milagros que hizo Jesús (Mr. 11:12-14, 20-21; Lc. 22:49-51).

El pobre mundo que nos rodea, perdido en la depravación de su propio corazón, y contando con unos pocos restos del instinto religioso, no celebra lo que fue Jesús. La gloria del Hijo es que era Dios caminando entre los hombres. Era alguien que no era hombre, pero al mismo tiempo lo era. Era Dios entre los hombres. Era un hombre que actuaba como Dios en medio de hombres pecadores, y eso era lo maravilloso.

Siendo en forma de Dios...

Hoy celebramos a un hombre que era Dios hecho carne. Celebramos el profundo y oscuro misterio del milagro de que aquello que no era Dios fuera asumido en Dios, y se encarnase, de modo que ahora tenemos a Jesucristo, que es Dios y al mismo tiempo hombre. Recibimos de su plenitud. ¿Quiere decir esto que todo el mundo ha recibido la plenitud de Jesucristo? No, no puede ser así.

¿Qué quiere decir? Simplemente que Jesucristo, el Hijo eterno, es el único medio por el que Dios dispensa sus beneficios a su creación. Solo por medio de Cristo Dios dispensa bendiciones a la humanidad. Por medio de Cristo, el Hijo eterno, Dios dispensa sus beneficios a su creación.

Como Jesús es el Hijo eterno, como es de la generación eterna e igual al Padre dado que pertenece a su sustancia, su eternidad, su amor, su poder, su gracia, su bondad y todos los otros atributos de la deidad, Él es el canal. Es el medio por el cual Dios dispensa todas sus bendiciones, la plenitud de todo lo que recibimos, como el ciervo que acude a la orilla del lago y bebe. ¿Has recibido la plenitud del lago? El ciervo diría: "Sí y no. Me he llenado gracias al lago, pero no he recibido la plenitud del lago. No me he bebido todo el lago; he bebido la parte del lago que puedo contener".

Gracia sobre gracia

De su plenitud, Dios nos ha dado por medio de Jesucristo gracia sobre gracia, de modo que el único medio por el que Dios hace algo es su Hijo. Tanto si creó como si está creando, todo es por medio de Jesucristo nuestro Señor. Si Él habla, es por medio de la Palabra eterna. Si se revela, es porque quien estaba en el seno del Padre lo ha dado a conocer. Si provee, es a través del medio que es Jesucristo. Si lo sustenta, es porque puede decirse: "y él es antes de todas las cosas, y todas las cosas en él subsisten" (Col. 1:17).

Siempre que la voz de la criatura salva el amplio abismo para llegar a oídos del Creador, la gracia debe actuar. Hemos restringido la gracia a Juan 3:16. Debemos haber olvidado que todo lo que hace Dios es por la gracia de su plenitud. Lo único que puede cruzar ese vasto abismo es la increíble gracia de Dios. John Newton, el gran compositor de himnos, tradujo esta idea en la hermosa letra de su himno "Sublime gracia":

Sublime gracia del Señor
que a un infeliz salvó;
fui ciego mas hoy veo yo,
perdido y él me halló.

Por increíble que sea este himno, esto no es más que el principio. John Newton prosigue diciendo:

En los peligros y aflicción
que yo he tenido aquí
su gracia siempre me libró,
y me guiará feliz.

Tenga lo que tenga cualquier criatura, la gracia sublime de Dios se canaliza desde Él hasta esa criatura. Es gracia sobre gracia.

Incluso antes de que una persona haya puesto su fe y su confianza en Jesucristo es un recipiente de la gracia divina. Incluso la persona que rechaza a Cristo no puede eludir el canal de bendiciones que fluyen a su corazón y a su vida. Puede pasarse toda la eternidad en el infierno preparado para el diablo y sus ángeles, pero mientras esté en el mundo es receptor de gracia sobre gracia. Todo lo que hace Dios es por gracia. Ningún hombre, ninguna criatura, merece nada. La salvación es solo por gracia. Todo lo que Dios hace fluye de la gracia.

Todo el mundo, sin excepción, ha recibido gracia de Dios. Todo el mundo ha recibido vida y una mente que guarda los recuerdos de toda una vida. Todo esto es la evidencia de la gracia divina hacia la humanidad.

El universo entero es el beneficiario de Dios, y se une para dar alabanzas al Cordero que fue inmolado. Juan escuchó a las criaturas que bajo la tierra, sobre la tierra y por encima de ella alababan a Jesucristo, uniendo sus voces y "decían a gran voz: El Cordero que fue inmolado es digno de tomar el poder, las riquezas, la sabiduría, la fortaleza, la honra, la gloria y la alabanza" (Ap. 5:12).

"Señor, digno eres de recibir la gloria y la honra y el poder; porque tú creaste todas las cosas, y por tu voluntad existen y fueron creadas" (Ap. 4:11). Este versículo nos dice que todo el universo recibe los beneficios que proceden de Jesucristo.

Jesucristo es el todo en todos

Aquí es donde se vuelve importante nuestro testimonio a los no cristianos. Todo el mundo al que testificamos se ha beneficiado ya de Cristo. En nuestro testimonio no hacemos más que presentar a Cristo en su nuevo cargo. Dios nunca hizo nada sin el Señor Jesucristo. Por todo su universo, Dios obra por medio del Hijo.

Cuando nos acercamos a una persona que no es salva y le decimos: "Cree en el Señor Jesucristo", solamente decimos: "Cree en aquel que te sustenta y te sostiene, que te ha dado vida, te compadece, te libra del mal y te alimenta. Cree en aquel de quien procedes. Hemos recibido toda su plenitud, o hemos recibido de su plenitud, y solo presentamos a Jesús como Señor y Salvador".

Hay quienes desearían presentar a un Cristo dividido. En la práctica, dicen: "Acepta a Cristo ahora como tu Salvador". Más adelante dicen: "Ahora, acepta a Cristo como tu Señor". La Biblia no enseña nada así.

No hay salvación sin señorío. Jesucristo es tanto Señor como Salvador, y era Señor antes de ser Salvador; y si no es Señor, no es Salvador. Cuando presentamos a los hombres este Verbo eterno que fue hecho carne y habitó entre nosotros, lo presentamos solamente en sus otros oficios. Antes ha sido Creador, Sustentador y Benefactor. Ahora pedimos a la gente que crea en Él como Señor y Salvador, pero es el mismo Señor Jesús.

Sugerir que el Antiguo Testamento es el libro de la ley y el Nuevo Testamento es el libro de la gracia es falso. En el Antiguo Testamento hay tanta gracia y misericordia como las que se encuentran en el Nuevo. En el Nuevo Testamento se habla más del infierno que en el Antiguo Testamento. Por lo que respecta al juicio, a la ira de Dios que arde con fuego sobre los hombres y las criaturas necias, lo encontramos en el Nuevo Testamento, no en el Antiguo. Si quieres leer sobre excoriaciones, ampollas y quemaduras, no leas las palabras de Jeremías, sino las de Jesucristo.

El Dios del Antiguo Testamento es el Dios del Nuevo, y el Padre del Antiguo Testamento es el Padre del Nuevo. El Cristo que fue hecho carne para habitar entre nosotros es el Cristo que encontramos en las páginas del Antiguo Testamento. ¿Fue la ley la que perdonó a David cuando cometió su pecado de inmoralidad? No, fue la gracia. ¿Fue la gracia la que dijo: "Babilonia ha caído, la gran ramera ha caído, Babilonia ha caído"? No, fue la ley.

Existe una armonía perfecta y absoluta entre las personas de la Trinidad. Lo que expresa aquí es el contraste entre lo que podía hacer Moisés y todo lo que pudo hacer Cristo. Moisés dio la ley. Eso fue todo lo que Moisés pudo hacer, porque no era el canal por medio del cual Dios dispensaba su gracia. Dios eligió a su Hijo unigénito.

Aquí radica el contraste: "la ley fue dada por medio de Moisés, pero la gracia y la verdad vinieron por Jesucristo" significa solamente que todo lo que podía hacer Moisés era ordenar justicia; pero Jesucristo produce la justicia. Lo único que podía hacer Moisés era prohibirnos pecar; pero Jesucristo vino para librarnos del pecado. Esto no supone enfrentar el uno al otro, sino mostrar cómo uno hizo lo que el otro no pudo hacer. Porque Moisés no podía salvar, pero Jesús sí. El Espíritu Santo, en Romanos 7:12, dijo que la ley que dio Moisés era santa, justa y buena, y no se debe decir nada contra ella. Pero no podía salvar. Pero como Jesucristo es el Hijo eterno, el canal por medio del cual Dios dispensa su gracia al mundo, la gracia vino por medio de Jesucristo.

La gracia lo precede todo, desde el primer día de la creación hasta que la virgen María dio a luz en un pesebre de Belén. Porque fue la gracia de Dios en Cristo la que salvó a la raza humana de la extinción cuando pecaron en el Huerto. Fue la gracia de Dios en Jesucristo, que aún no había nacido, la que salvó a las ocho personas cuando el diluvio cubrió el mundo. Y fue la gracia de Dios en Jesucristo antes de su nacimiento, pero existente en su gloria previa a la encarnación, la que perdonó a David cuando cometió su pecado; la que perdonó a Abraham cuando mintió; la que permitió a Abraham orar a Dios pidiendo que salvase a 10 personas justas cuando Él amenazaba con destruir Sodoma; la que perdonó repetidas veces a Israel.

Fue la gracia de Dios en el Cristo anterior a la encarnación la que hizo que dijese: "Me he levantado temprano por la mañana y he extendido mis manos a vosotros". Le indujo a decir: "Como un padre se compadece de sus hijos, se compadece Jehová de los que le temen" (Sal. 103:13). Jesús es el canal por medio del cual fluye la gracia. Y dijo: "Soy la verdad", y es por medio de Él por quien la gracia llega al mundo, por medio de su costado herido, hasta los pecadores como tú y yo. Toda la gracia de Dios en este universo viene por medio de Jesucristo. Entonces dice: "A Dios nadie le vio jamás; el unigénito Hijo, que está en el seno del Padre, él le ha dado a conocer" (Jn. 1:18).

El misterio del sacrificio expiatorio

Todo a lo largo de su ministerio, Jesús fue Dios actuando como Dios. Cruzó deliberadamente el abismo misterioso entre lo que es Dios y lo que no lo es. Adoptó forma humana para hacerse carne, y habitó entre nosotros. Fíjate que no es quien *estaba* en el seno ni quien *estará* en el seno, sino quien siempre *está* en el seno. El lenguaje refleja una existencia continuada. Incluso cuando estaba clavado en la cruz, Cristo no abandonó el seno del Padre.

Entonces, ¿cómo pudo exclamar?: "Dios mío, Dios mío, ¿por qué me has desamparado?" (Mt. 27:46). ¿Tenía miedo, se equivocó? Nunca. Jesús nunca se equivocó en nada. Entonces, ¿qué pasó? La respuesta es muy clara. Incluso cuando Cristo murió en la cruz por la humanidad, nunca dividió la deidad. No se puede dividir su sustancia. Ni todas las espadas de Nerón podrían escindir la sustancia de la deidad, ni separar al Padre del Hijo.

El que clamó: "¿por qué me has desamparado?" fue el hombre. Quien lloró fue el hijo de María. Fue el cuerpo que Dios le dio. Fue el Cordero a punto de morir. Quien clamó fue el sacrificio. Fue el Jesús humano; quien lloró fue el Hijo del Hombre. Pero la deidad antigua y eterna nunca se separó. Y aún estaba en el seno del Padre cuando clamó: "Padre, en tus manos encomiendo mi espíritu. Y habiendo dicho esto, expiró" (Lc. 23:46). Y es que el Padre, el Hijo y el Espíritu Santo son para siempre uno solo, inseparables, indivisibles, y nunca podrán ser otra cosa.

El Padre eterno nunca le dio la espalda al Verbo eterno, porque este siempre estuvo en el seno del Padre. Pero el Padre eterno dio la espalda al Hijo, el Hijo del Hombre, el sacrificio del Cordero que fue inmolado; y, sumido en el terror ciego y el sufrimiento de todo aquello, el sacrificio, el Cordero, se hizo temporalmente pecado por nosotros y se supo desamparado. Y Dios derramó toda aquella masa burbujeante, hirviente, efervescente, inmunda y pegajosa del pecado humano sobre el alma de su Hijo, y entonces se alejó un paso. Y en aquel momento de angustia, el Hijo clamó: "¿por qué me has desamparado?". Pero al instante siguiente pudo decir: "Padre, en tus manos encomiendo mi espíritu". La cruz no dividió a la deidad. Nada podría jamás hacer esto. Dios es uno para siempre, indivisible, con una sustancia única, y sus personas son inseparables.

Era necesario realizar el misterio de la expiación. ¿Por qué en el Antiguo Testamento los sacerdotes traspasaban un velo? Para realizar el ritual de la expiación, y luego salir de detrás del velo; y unos sacerdotes debidamente preparados se apresuraban a cerrar aquel velo grueso y ocultar el Lugar Santo. Ahí tenemos a Dios que dice, usando un hermoso simbolismo, que llegaría el día en que otro Sacerdote, con otra sangre, entraría en un ámbito en el que la mente humana nunca podría penetrar.

Allí, en un misterio demasiado profundo, oscuro y maravilloso como para que lo entienda el ser humano, a solas, sin nadie que lo ayude. Ni David, ni Abraham, ni Pablo; nadie.

Dios dio un paso atrás y le permitió morir, y breve y rápidamente su corazón volvió a unirse con el amor de Dios. Tres días más tarde resucitó de entre los muertos y ascendió a la diestra de Dios el Padre todopoderoso, de donde volverá para juzgar a los vivos y a los muertos (ver 2 Ti. 4:1).

Nos ha mostrado al Padre

Llegamos a la última línea, "él le ha dado a conocer" (Jn. 1:18). ¿Qué ha dado a conocer? Hay profundidades que nunca podría dar a conocer; hay misterios insondables que no podría transmitir; pero hay algunas cosas que podría revelar, reveló y revela. Declaró que Dios es un ser santo y, sobre todo, para nosotros pobres pecadores, manifestó su amor y su misericordia. De modo que reveló a Dios, y Jesucristo nos dice, mediante ese tierno ser humano, que Dios se preocupa de nosotros.

Pienso en lo fácil que habría sido para Dios guardar silencio. De hecho, hay muchos que sienten que hoy día Dios hace precisamente eso. Me estremezco al pensar en su voz en silencio, el corazón incomunicable de Dios, su mente inexpresable. Esta no es la verdadera imagen de Dios, porque Él nunca deja de hablar. Su voz resuena por encima del fragor y el escándalo del mundo que nos rodea.

Me encanta la historia de Elías. Fue un hombre de Dios maravilloso, enfrentado a un mundo tremendamente pagano. Debido a algunas circunstancias difíciles, Elías se encuentra escondido en una cueva. Es en esa cueva donde Elías escucha la voz de Dios. "Y tras el terremoto un fuego; pero Jehová no estaba en el fuego. Y tras el fuego un silbo apacible y delicado" (1 R. 19:12).

No es que Dios no hable o no se comunique con nosotros.

Más bien, es que nos hemos permitido meternos en un agujero tan profundo que lo único que oímos es el ruido que nos rodea. Solo después de que ese estruendo se aplaca empezamos a escuchar, en el silencio de nuestro corazón, esa voz calma, apacible y poderosa del Dios que nos habla.

Dios nos ama y nos cuida. Dios tiene un plan para nosotros, y de hecho lo está llevando a cabo. Jesús nos ha expuesto a Dios. Reveló la gracia, la misericordia, la bondad y el propósito redentor de Dios. Lo expuso, lo trajo y nos lo dio. Ahora solo tenemos que volvernos, creer, aceptar, tomar y seguir. Y es nuestro.

Gracias a Dios por la Verdad, por el Verbo, por el Hijo eterno, por Aquel al que te presentamos como Señor y Salvador.

6

El Mesías del Antiguo Testamento frente al Cristo del Nuevo Testamento

El siguiente día vio Juan a Jesús que venía a él, y dijo: He aquí el Cordero de Dios, que quita el pecado del mundo. Este es aquel de quien yo dije: Después de mí viene un varón, el cual es antes de mí; porque era primero que yo.

Juan 1:29-30

Una de las cosas más hermosas que encuentro en las Escrituras es que Juan, teniendo a toda Palestina escuchándolo, llegó a un momento de su vida en el que dijo: "He acabado mi trabajo, y ha llegado aquel a quien precedí; yo debo menguar y él crecer. Yo me desvanezco mientras él brilla en todo su esplendor".

Juan estaba a punto de salir del escenario para no brillar más, y les había contado muchas cosas sobre aquel que vendría. Aún no había visto a esa persona. Es un error pensar que Juan y Jesús se conocían, a pesar de que eran parientes lejanos. O, si se conocían, Juan no tenía ni idea de que Jesús era aquel de quien había predicado. Juan les había contado muchas cosas sobre el que habría de venir, y ahora remata todo lo que tenía que decir añadiendo: "he aquí el Cordero de Dios, que quita el pecado del mundo" (Jn. 1:29).

¿Qué significaba esto para un judío? Si hubieras sido judío

y hubieses tenido el trasfondo de la religión judía, esto habría impactado en tu corazón con el tremendo fulgor que los inundó cuando Juan el Bautista dijo: "he aquí el Cordero de Dios".

Ellos conocían la historia de Abel, aquel joven que había tomado un cordero y llevado su sangre al altar de Dios, y sabían que el fuego divino había descendido, y Dios dio testimonio a Abel de que lo había aceptado. Conocían la historia de Abraham y del sacrificio que hizo. Estaban totalmente familiarizados con aquel maravilloso cordero de la Pascua, sacrificado por la salvación de una raza. Y también conocían el largo linaje de sacerdotes que habían ofrecido corderos año tras año desde aquellos tiempos; y cuando Juan dijo "he aquí el Cordero de Dios", fue como decir: "Ahora que estamos en la base de la columna, vamos a sumarlo todo. Todos los corderos que hubo, desde el primero de Abel hasta el último de esta hora, todos encuentran su cumplimiento en el Cordero de Dios".

El cordero de Abel, el de Abraham, el de Isaac, el de Judá y el cordero pascual, eran corderos que habían presentado los hombres. Pero ahora llega el cordero que nadie más podría sacrificar. Es el Cordero del Dios todopoderoso, la suma y la consumación de todos los corderos que hubo y que habrá. Es la suma plena, clara y preliminar de todo lo que significaron los corderos sacrificados con el correr de los siglos. Y eso debió llegar a los oídos de los judíos con un significado maravilloso. "He aquí el Cordero de Dios, que quita el pecado del mundo" (Jn. 1:29).

Juan el Bautista testifica: "Este es de quien yo decía: El que viene después de mí, es antes de mí; porque era primero que yo" (v. 15). En este pasaje detectamos un pequeño truco antitético del lenguaje, que hemos de descomponer. "El que viene después de mí", en el tiempo, "era antes que yo", en honor, "porque era primero que yo" en rango. "El que viene después de mí", es decir, que "yo vine primero, y lo hice como el heraldo que proclama a aquel que vendría después de mí; pero aquel que vino tras de mí en el tiempo está por delante de mí en honor, porque tiene un rango superior al mío, siendo el Hijo del propio Dios".

Por supuesto, el gran problema radicaba en cómo identificarlo. Se bautizaban grandes multitudes de personas, así que, ¿cómo reconocer a aquel que habría de venir? Para demostrar que era el Mesías tenía que satisfacer determinados requisitos estrictos. Tenía que ser del linaje de Abraham. Nadie podía afirmar que era el Hijo de Dios o el Salvador de la humanidad, el Mesías de Israel, si no pertenecía al linaje de Abraham. Debía ser capaz de demostrar que su linaje se remontaba hasta Abraham. Eso debía ser así; de otro modo, si ellos no podían demostrar que Él no era el Cristo, Él no podría demostrar que lo era.

Pero el proceso aún era más estricto. Tenía que haber nacido del linaje de Isaac y de Jacob. Jacob tuvo 12 hijos, y el Mesías tenía que ser descendiente de un hombre, David. No solo debía nacer del linaje de Abraham por medio del rey David, sino que debía nacer en un momento determinado. Si hubiese nacido 300 años antes, como Buda, no hubiera valido. Si hubiera nacido 600 años después, como Mahoma, no habría sido suficiente. Si hubiera nacido siendo árabe o japonés, no se hubiera cumplido, porque le habría faltado el componente del linaje.

También tenía que nacer en determinado país. No era un país importante desde el punto de vista humano, solo un pequeño país encajado entre varios continentes. Pero si hubiese nacido en cualquier otro lugar, como Roma, Egipto o India, no habría servido. Tenía que nacer en aquel pequeño país.

Y no solo tenía que nacer en aquel país en concreto, sino que su ciudad natal tenía que ser un lugar determinado, un pueblo diminuto que no tenía más que una posada. Las Escrituras son muy concretas, y nos dicen que no había lugar para él en la posada. Uno no va a Nueva York o Chicago y dice que no había habitación para él en el hotel. Podría decir: "No conseguí habitación en ningún hotel".

Pero en la pequeña Belén de Judá le dijeron que no había sitio para él en la posada. Solamente había una, y pocas veces la usaban. Pero sucedió que en aquel instante tuvieron que usarla porque César Augusto había emitido un decreto. De modo que Jesús tenía que nacer en aquel pequeño pueblo.

Si tú o yo hubiéramos tenido que ocuparnos del nacimiento del Mesías, lo habríamos hecho nacer en Roma, que era la ciudad eterna. Sin duda que lo habríamos hecho nacer en Atenas, porque era el centro intelectual del mundo. Habríamos elegido una ciudad lo bastante grande e importante como para que quedase grabada en la consciencia humana.

Dios obra en silencio, modestamente, y le da la vuelta al mundo, porque lo hace con tanta discreción que nadie se da cuenta. Hizo que su Mesías naciera en la pequeña Belén de Judá. Las ciudades pequeñas de Judá no eran muy grandes; solo Jerusalén podía considerarse una ciudad grande. "Pero tú, Belén Efrata, pequeña para estar entre las familias de Judá, de ti me saldrá el que será Señor en Israel; y sus salidas son desde el principio, desde los días de la eternidad" (Mi. 5:2).

Juan el Bautista sabía todo esto, pero aun así no bastó. En aquella época vivían muchos hombres nacidos de la simiente de Abraham. También vivían muchos hombres descendientes del León de David. No sé si muchos de ellos habrían nacido en Belén, pero era posible que sí.

Cuando Jesús se presentó a la orilla del Jordán, en aquel hombre había algo diferente, pero no demasiado. Juan lo miró, se sintió inferior y dijo: "No me siento bien bautizándote, seas quien seas. Creo que deberías ser tú quien me bautice". Todavía no sabía quién era, y nuestro Señor dijo: "así conviene que cumplamos toda justicia" (Mt. 3:15).

Cuando Juan bautizó a Jesús, el Espíritu Santo descendió y Juan dijo: "Y yo no le conocía; pero el que me envió a bautizar con agua, aquél me dijo: Sobre quien veas descender el Espíritu y que permanece sobre él, ése es el que bautiza con el Espíritu Santo" (Jn. 1:33).

De modo que Jesús cumplió todos esos requisitos estrictos.

El cumplimiento de las profecías mesiánicas

Un evangélico muy influido por la teología liberal dijo: "Creo que es cierto que en el Antiguo Testamento vemos que discurre el tema mesiánico y hallamos una esperanza mesiánica, pero no creo que el Antiguo Testamento profetizase sobre Jesús. Los cristianos han leído en el Antiguo Testamento lo que ya sabían de Jesús, atribuyéndolo a Jesucristo nuestro Señor".

Los comentarios como este me indignan espiritualmente. No necesito esta actitud condescendiente de los teólogos liberales. No me deben nada. Y creo, y estoy totalmente dispuesto, que mi fe en Dios y en Cristo y mi esperanza para el mundo venidero y toda la cristiandad descansen sobre el hecho sencillo de que el Jesús del Nuevo Testamento es el Mesías del Antiguo. No quiero que nadie sea condescendiente conmigo, ni quiero que me digan cruelmente: "Te comprendo".

No quiero que me comprendan. No me deben nada, y no dudo en absoluto que el Jesús del Nuevo Testamento es el Mesías del Antiguo. No pueden engañarme diciendo que no son más que profecías generales que no quieren decir nada en concreto. Si creyera eso, cerraría mi Biblia para siempre; le diría adiós y jamás volvería a insultar a una congregación predicándole. Pero el Jesús del Nuevo Testamento es el Mesías profetizado en el Antiguo, y no permitiré que nadie me haga negar esto por miedo.

Podemos demostrar nuestra postura basándonos en las Escrituras; y si algún hombre quiere admitir la autoridad de la Palabra de Dios, podemos demostrarle cómo el Jesús del Nuevo Testamento vino conforme a las Escrituras del Antiguo, y caminó de todas las maneras señaladas para él miles de años antes de nacer. Apareció en determinado momento, en un lugar concreto, y se movió con la precisión impecable del reloj más caro. Todo sucedió como había profetizado Dios todopoderoso en el Antiguo Testamento.

No sé por qué cuesta tanto creer esto. ¿Por qué debería parecer increíble que el Dios todopoderoso pudiera predecir el futuro? Dios ha vivido todos nuestros mañanas, y no conoce ni ayer ni mañana, sino que condensa el ayer y el mañana en un hoy perpetuo. Sería fácil para Dios saber qué sucederá en nuestro mañana cuando ya lo ha vivido, y puede mirar atrás sobre todos nuestros mañanas como algo que ya ha pasado.

Déjame que formule algunas preguntas para quienes se muestran condescendientes con las Escrituras e insisten en que la Biblia es un libro general, no específico. La Biblia es tan específica como un médico. Un hombre se siente enfermo y cuando acude al médico, este no mete la mano bajo la mesa y saca un libro general de síntomas y dice: "Ahora mismo no le voy a recetar nada concreto. Le daré una receta general".

¿Qué tipo de locura sería eso? No quiero que nadie me hable de medicina general. Quiero saber cuál es la receta para mí, no para otra persona. Una píldora que curase a otro podría acabar conmigo. Cuando hablamos de algo tan preciso como es recetar medicación para el cuerpo humano, hay que ser precisos con la medicina, porque si no, alguien podría morir.

Dios, en su infinita sabiduría, es concreto en todas las cosas. Muchos nos acusarán de ser incultos. He hablado con algunos supuestamente muy cultivados, pero cuando tocamos la Biblia, son verdaderos analfabetos. Estos teólogos liberales hablan de William Wordsworth y de Søren Kierkegaard, se ponen poéticos y soñadores y extienden los brazos para recibir a todos los hombres como hermanos. Pero ninguno de ellos puede decir: "Lo he visto, lo he conocido y camina conmigo". Ni uno solo.

No creo que me vuelva liberal, no a estas alturas. No tienen nada que me interese. Estoy satisfecho con el Libro. Estoy satisfecho con el Libro santo que profetizó la venida de aquel santo ser que nació de María.

Cuando Juan el Bautista lo vio, tuvo toda la prueba que necesitaba y dijo: "He aquí el Cordero de Dios". No es difícil diagnosticar el problema del mundo. Juan el Bautista lo entendió bien cuando dijo: "He aquí el Cordero de Dios, que quita el pecado del mundo" (Jn. 1:29). Señaló enfáticamente que solo existe una esperanza para el corazón agobiado del mundo, solo una. Solo existe una esperanza para la salvación del mundo.

¿Qué impide que la raza humana se destruya a sí misma? Esas palabras y pensamientos están en el corazón de los hombres, y se preguntan si la raza humana puede destruirse a sí misma. ¿Qué puede impedir que un dictador loco haga que el mundo se venga abajo?

La bomba atómica dio paso a la de hidrógeno, y hay otra bomba terriblemente más letal que la bomba H. La bomba de cobalto es aún más terrible que la bomba de hidrógeno. ¿Qué impide que algún dictador enajenado diga: "Gobierno el mundo o lo destruyo"? Lo gobernará o lo convertirá en ruinas alrededor de su mente suicida.

¿Qué impide que tenga lugar un accidente colosal? ¿O que alguien ponga en marcha una inmensa reacción en cadena que arrase el mundo? Te diré lo que lo impide: Dios todopoderoso no ha abandonado al mundo. Es posible que los filósofos sí, pero Dios no. Dios no ha acabado con el mundo.

Un mundo restaurado

Cuando miro al futuro, soy optimista. Incluso si un país dictatorial o un estado terrorista conquistara el mundo, sería optimista mientras me dejasen vivir. Si me mataran, iría al cielo siendo optimista. No creo que Dios haya abandonado a este mundo. Creo que la raza humana fue creada a imagen de Dios y que aunque caímos en desgracia y en la tragedia moral, el Dios todopoderoso envió a Alguien para devolvernos a ese lugar santo del que caímos. Creo en la restauración última del mundo.

Permíteme que te explique lo que quiero decir. Creo que el control del mundo pasará de esa parte no regenerada del mundo a manos de la regenerada, porque ahora hay dos razas humanas. En otro tiempo hubo una sola raza humana, que cayó y se sumió en la ciénaga del pecado y la iniquidad, acarreando la enfermedad, la locura y la muerte.

Dios empezó la redención de la raza humana dentro de ella, de modo que ahora existen dos razas que corren paralelas entre sí. La raza no regenerada que se remonta hasta Adán y la raza regenerada que se remonta a la venida de Jesús. El hombre primogénito y el segundogénito; el hombre nacido una vez y el nacido dos veces; el hijo de Adán y el hijo de Dios. Ahora conviven en este mundo, y por el momento la raza está en manos del mundo no regenerado. El mundo está dirigido por estadistas, presidentes, primeros ministros, líderes, reyes y generales no regenerados. Y si no viene ayuda de otra dirección, estas personas no regeneradas convertirán nuestro mundo en una ruina usando una bomba de cobalto o cualquier otro artefacto diabólico ideado en el foso del abismo.

Sin embargo, hay otra raza, "linaje escogido, real sacerdocio, nación santa, pueblo adquirido por Dios, para que anunciéis las virtudes de aquel que os llamó de las tinieblas a su luz admirable" (1 P. 2:9). Como Dios sacó a Eva del costado de Adán y formó una mujer, del corazón herido de Jesús, Dios forma una raza nueva, y esa nueva raza será la raza humana definitiva. Y esta raza caída, perdida, será expulsada por Dios a lugares remotos, como el chivo expiatorio, para llevar sus pecados al infierno definitivo que Dios ha preparado para el diablo y sus ángeles.

Pero la nueva raza humana, de la que formas parte en virtud del nuevo nacimiento, al final gobernará el mundo.

Cuando Jesús dijo: "Bienaventurados los mansos, porque ellos recibirán la tierra" (Mt. 5:5), ¿era solo un sueño poético? ¿Fue solamente un cliché religioso más, un placebo más para dar un poco de esperanza al mundo? No, "bienaventurados los mansos, porque ellos recibirán la tierra", y algún listo pensó que podía contar un chiste y dijo: "Sí, bienaventurados los mansos, porque recibirán la tierra cuando los orgullosos hayan acabado de usarla". Decía una verdad más grande de lo que pensaba. Sin duda que habrán acabado de usarla, cuando sean expulsados de ella. Y todo lo que descansa sobre las armas, las bombas y la política barata, la ciencia y la sociedad humana será apartado, y Dios colocará una nueva raza en el mundo, que tendrá a Jesucristo como Rey.

Todo pecador pertenece a la antigua raza. Todo cristiano nacido de nuevo pertenece a la nueva. En el mundo solo hay dos tipos de personas: aquellas cuya vida esencial nace de los lomos de Adán, y aquellas cuya vida esencial brota del corazón de Jesús. De modo que la Iglesia de Dios en el mundo es simplemente una muestra de la nueva raza; eso es todo.

Si somos un pueblo redimido y una muestra de la nueva raza, debemos vivir como esa nueva raza, pensar como esa nueva raza y actuar como una nueva raza. Al final no será solo el pecado individual sino el de la sociedad el que purgará este mundo y lo dejará limpio, para luego gobernarlo.

El Cordero que fue inmolado

Por último, y lo mejor para ti y para mí, es que Jesucristo "quita el pecado del mundo" (Jn. 1:29). Si acudimos a Él con nuestros pecados, si vamos a Él tal como somos, Él lo hace.

Mientras vivía en el estado de West Virginia, en nuestra

congregación había una señora de mediana edad. Nunca he conocido a nadie como ella, ni antes ni después. Era tan pesimista que su actitud casi podía agriar la leche. Era el compendio de todos los pensamientos pesimistas, sombríos y tristes. Para ella el mundo se había acabado. Venía a visitarnos a nuestra casa y orábamos por ella.

Verla acercarse por la calle era toda una experiencia. No puedo describirla de otro modo más que decir que era la tristeza personificada, pero gracias a Dios ella oraba. Entonces, una mañana, se abrió la puerta y ella entró como una exhalación; pero en vez de ser un crespón colgado de la luna, era el sol recién aparecido. Entró como un rayo de sol, pletórica de alegría, y dijo: "¡El Señor lo ha hecho, el Señor lo ha hecho, lo ha hecho!". Estaba casi histérica de risa, gozo y alegría. La conocí durante mucho tiempo después de ese momento, y nunca perdió su gozo. Ese "Cordero de Dios, que quita el pecado del mundo", había descubierto de repente aquel corazón de ella, maldito por el pecado, y había echado sus campanas a volar.

Supón que los políticos decidieran aplicar una reducción de los impuestos. Llega una orden de Washington D. C. que dice: "Vamos a reducir los impuestos en un 20 por ciento". No es específico, solo general, y no se refiere a nadie en concreto. Yo creo que enviaría un telegrama a Washington para decirles: "¿Se refieren a mí?". Supongamos que te llamase un abogado y te dijera que tal o cual persona había muerto y había dejado un millón de dólares, pero es algo general, no para nadie concreto. Esta información no sería importante para ti, no te afectaría. Y se supone que debemos creer que esto representa un pensamiento y una erudición más elevados. El Cordero de Dios vino por un motivo concreto y para personas específicas a las que pudiera bendecir por medio de su gracia redentora. Esto es lo que se nos da mediante las promesas definidas de la Palabra de Dios.

Miles de personas sencillas, que en otro tiempo estuvieron

esclavizadas por el alcohol, pueden decir hoy: "El Cordero de Dios ha roto todas las cadenas, y ya no estoy atado". Mujeres que fueron tan despreciables que nadie podía vivir con ellas son ahora dulces, pacientes, comprensivas y generosas; y hombres que antaño maldijeron, insultaron y blasfemaron ahora caminan por la calle recordando pasajes bíblicos, mientras van de camino a la iglesia y a la reunión de oración.

El Cordero de Dios, la simiente de Abraham, el más grande hijo de David, el Cordero que fue inmolado, se especializa en casos difíciles y borra los pecados tuyos y míos. Limpia la iniquidad y perdona el pecado. Tú lo confiesas y Él lo perdona; tú lo nombras y Él lo destruye. Tú lo sacas a la luz y Él lo borra; tú lo admites y Él se lo lleva. No necesitas un sacerdote o un predicador, ni una pila bautismal ni un río, ni un curso en teología; solo tienes que creer lo que te estoy diciendo. "He aquí el Cordero de Dios que quita el pecado del mundo". Ahí es adonde hay que mirar, al Cordero de Dios. A Jesús, el Cordero de Dios.

7

¿QUÉ ES LO QUE REALMENTE LE IMPORTA A DIOS?

Porque de tal manera amó Dios al mundo, que ha dado a su Hijo unigénito, para que todo aquel que en él cree, no se pierda, mas tenga vida eterna.

Juan 3:16

Desde que tengo memoria nunca he predicado un sermón sobre Juan 3:16, ni le he dedicado a este pasaje un artículo o un ensayo entero. No es que no me guste ese pasaje, porque no es así; es simplemente que es un texto demasiado grande para mí. Lo he citado instintivamente en momentos de oración y testimonio, al escribir y predicar.

Empezaba a sentirme un poco incómodo con la situación, y estaba confuso sobre por qué no lograba analizar este pasaje, cuando leí uno de los nobles y antiguos comentarios de Charles J. Ellicott, una obra que tiene más de cien años. Cuando ese sabio y anciano santo de Dios llegó a Juan 3:16, dijo algo parecido a esto: "Tiendo a no decir gran cosa sobre este pasaje; es uno de los favoritos de los predicadores jóvenes, pero los más mayores piensan que es mejor sentirlo que comentarlo. De modo que limitaré todo lo posible mis comentarios sobre este pasaje". Y eso fue lo que hizo.

Supe exactamente qué quería decir, y comencé a entender mi reluctancia a la hora de abordar este pasaje. Creo más que nunca que todo aquel que intente analizar Juan 3:16 aborda una tarea casi insuperable, que exige una gran dosis de empatía y un amor generoso por Dios y por los hombres. Nadie debería hacer eso apresuradamente.

Este texto hay que abordarlo como Moisés abordó la zarza ardiente en sus tiempos. Es una confrontación sagrada con Dios. Como recordarás, Dios pidió a Moisés que se quitara las sandalias cuando se acercó a la zarza ardiente. Independientemente del sentido de ese acto, nosotros, como Moisés, debemos acercarnos a este pasaje con solicitud y sin prisa.

De modo que me aproximo al pasaje como alguien dominado por un gran temor, una gran fascinación y un sentido aplastante de indignidad, casi de desespero, al pensar en la presencia de Dios delante de mí.

Es difícil encontrar algo comparable a este texto de 30 palabras. Para mí, es como un diamante tallado por gemólogos expertos. Para que se forme un diamante tiene que cristalizarse sometido a una tremenda presión. No me cuesta mucho incluir este texto en esa categoría. Este pasaje ha sido sometido a la increíble presión del Dios trino hasta el punto de que se ha cristalizado en una verdad diamantina y reluciente. Es una verdad tan poderosa que su fulgor deslumbra al corazón que cree.

Puedes rebuscar en las bibliotecas de todo el mundo y examinar todos los libros en todos los idiomas bajo el sol, y nunca encontrarás un texto de 30 palabras que sea comparable a Juan 3:16. Incluso si reunieras todas las grandes mentes de todos los filósofos, pensadores y escritores desde los albores del tiempo, y los metieras a todos juntos en una habitación, sus talentos combinados no podrían escribir un texto que significase tanto para la raza humana. No digo esto como podría decirlo descuidadamente un predicador joven; lo digo reflexivamente y con gran convicción, después de toda una vida de leer, reflexionar y orar.

Cada persona es importante para Dios

¿Cuál es el mensaje de Juan 3:16? ¿Y por qué este versículo de las Escrituras tiene tanto valor para la humanidad? ¿Qué mensaje nos transmite?

Creo que la parte esencial del evangelio del Nuevo Testamento es esta: "De tal manera amó Dios al mundo" (Jn. 3:16). El predicador puede tomar esa frase y ponerse a hablar sobre ella hasta la venida de Cristo y jamás quedarse sin palabras. Es tremendamente importante que este mensaje se transmita hasta los confines del mundo.

Para reducirlo a los términos y palabras familiares que podamos entender, puedo reformular esta frase diciendo simplemente: *Significo algo para Dios*. Una vez afirmado esto, no hace falta añadir nada. Esto resume de forma comprimida, condensada, toda la intención de la Biblia, desde Génesis a Apocalipsis.

Cuando leo las palabras "de tal manera amó Dios al mundo", comprendo, en términos personales, que significo algo para Dios. Dios tiene su vista puesta en mí, y siente por mí un interés emocional. Si este mensaje sencillo pudiera trascender la confusión imperante en el mundo religioso, ofrecería esperanza a quienes lo aceptasen.

Aquí detecto una paradoja extraña, una contradicción curiosa en la naturaleza humana. A menudo vemos a alguien que camina como si fuera el rey del mundo. Es una persona dominada por un egoísmo ofensivo, y camina por ahí como un palomo, con el pecho bien inflado. Sin embargo, cuando uno llega a conocer a esa persona, en lo más hondo está dominada por una gran sensación de soledad y de falta de rumbo. El pensamiento que invade su corazón y su mente es que en realidad no le importa a nadie. Resonando en las cámaras internas de su corazón se escuchan las palabras: "No le importo a nadie. Nadie se preocupa por mí".

Cuando Jesús dijo: "venid a mí todos los que estáis trabajados y cargados, y yo os haré descansar" (Mt. 11:28), no invitaba a los cansados a ir a Él, aunque estos eran bienvenidos. No invitaba a los que estaban sometidos a opresión económica, aunque también eran bienvenidos. Tampoco invitaba a los que padecían una opresión política, como los judíos a manos de los romanos. Más bien invitaba a los que estaban cansados por dentro, fatigados emocionalmente con la tremenda presión del conocimiento, o al menos de la creencia, de que en este vasto universo no le importan a nadie, que a la gente le da igual lo que les pase. Nadie se preocupa emocionalmente por ellos. Ahí tenemos esta paradoja extraña que hace mella en el corazón humano.

Por un lado tenemos un egoísmo que es ofensivo y perjudicial, que hace que un hombre se jacte, mienta y se enorgullezca. Por otro lado, en lo profundo de su ser, hay un niño que gimotea, tiene miedo, siente nostalgia del hogar y dolor de un corazón quebrantado, que sabe que en este universo no hay nadie a quien él le importe. No tiene importancia para nadie.

La mentira de Satanás

Según las Escrituras, Dios nos hizo a todos con unas proporciones intelectuales y espirituales tremendas. Hemos sido hechos a imagen de Dios. Lo que ha destruido ese potencial ha sido el pecado. Esto es lo que nos produce la sensación de ser huérfanos. Como consecuencia de ello, el diablo se aprovecha de nosotros y susurra su mentira en los oídos del ser humano: "En realidad a Dios no le importas. Dios no tiene ningún vínculo emocional contigo. A Dios no le importas".

Y nos creemos esa mentira.

El poeta William Cullen Bryant, en su poema "El arroyo", expresó esta curiosa paradoja. Cuando volvió, a los 80 años de edad, a su pueblo natal y vio su nombre grabado con las torpes letras de un niño, sonrió y escribió este hermoso poema:

Y cuando llegaron los días de la infancia,
y me había enamorado de la fama,
busqué solícito tu ribera, y junto a ti
aprendí a escribir mis primeras letras.
No puedo expresar qué brillantes y alegres
se extendían ante mí las escenas de la vida.
Mas luego gloriosas esperanzas, que a mi mejilla
traen rubor al mencionarlas,
embargaron mi alma, y escribí, allá en lo alto,
un nombre para no morir jamás.

A pesar del lamento del poeta, sí que significaba algo para alguien; era importante para alguien, y ese alguien es Dios.

Hoy día el mundo está inmerso en lo que yo llamo la gran hora del humanismo. La humanidad entera ha sido amontonada en una gran pila. Oímos tantas estadísticas en cuanto a que el individualismo ya no importa. Si miras las estadísticas y luego te fijas en la persona promedio, parece no ser nadie. Cuando Dios creó a la humanidad, los hizo de todos los colores y razas. En la escuela dominical cantábamos una canción que decía: "Cristo ama a los niños, cuantos en el mundo están, no le importa su color a Jesús el Salvador, Cristo ama a los niños por doquier...".

Pero si tomas la ley de la estadística y promedias todo, acabarás sin tener nada. Lo que hace este absurdo estadístico es acabar con el individuo. La organización lo es todo; el individuo no significa nada.

Esta es la mentira de Satanás.

Si lees los Evangelios y sigues la vida y el ministerio de Jesús, verás que Él siempre llamaba a individuos a seguirlo. Las masas lo seguían por "los panes y los peces" que les daba, pero Jesús llamó a individuos a seguirlo. Esas personas eran importantes para Él, no como una masa colectiva, sino como individuos creados a imagen de Dios, su Padre. La mujer atrapada en adulterio, la madre con su hijo paralítico, Nicodemo, que fue a Él de noche, y la lista sigue y sigue.

Durante su ministerio, Jesús se relacionó con individuos, no con estadísticas. El mensaje cristiano refleja esto. A Dios no le gustan las masas, ama a las personas; las ama individualmente.

La mentira de Satanás mina esa verdad, y ha convencido a toda una generación de esta tremenda mentira. Los hombres y las mujeres de todas partes viven bajo la sombra de esta mentira: que a Dios no le importan. Este sentimiento profundo que ha plantado en nosotros el diablo, que dice que no le importamos a nadie, está confirmado por la observación. Lo único que tienes que hacer es mirar alrededor y darte cuenta de que parece que a la naturaleza el individuo le importa muy poco; le interesan las especies, pero poco le interesa el individuo. Alfred Tennyson dijo lo siguiente sobre la naturaleza:

> ¿Es que Dios y la naturaleza luchan
> de modo que esta arroja tales pesadillas?
> Cuidado, pues, con lo que ella nos sugiere,
> esa indiferencia frente a la vida individual.

Es decir, que la naturaleza ha introducido en lo profundo de todo ser humano normal un anhelo tremendo de reproducirse, un impulso que surge en la infancia y permanece con nosotros hasta que morimos. Este impulso garantiza la perpetuación de la raza y, sin embargo, cuando el individuo se ha reproducido, muere y vuelve al polvo. Y no hay un solo punto que no esté sucio o bendecido, lo que prefieras, por el polvo de hombres que un día fueron y ya no existen. Como afirmó William Cullen Bryant en su poema *"Thanatopsis"*:

> Todos los que pisan
> el mundo no son más que un puñado frente a las tribus
> que duermen en su seno. Toma las alas
> del alba, explora la salvaje Cirenaica
> o piérdete en los bosques infinitos
> donde fluye el Oregón, y no se oye más ruido
> que tus propios pasos; pero los muertos allá están.

Desde que empezó el largo transcurso de los años, las matronas, doncellas, soldados, ancianos en la gris senectud, reyes y sabios, bufones y estudiosos acaban muriendo y van a un solo lugar, donde la muerte reina a solas. La naturaleza parece confirmar la idea de que tú y yo no somos importantes en este gran universo.

¿A quién le importa la generación anterior? Si quieres comprobarlo, ve a un cementerio y echa un vistazo. ¿Quién queda vivo a quien le importe alguien allí enterrado? Allí yace desde hace 200 años. ¿Quién queda vivo para que le importe? ¿Sus tataratataratataranietos? Acuden festivamente con su cámara y, entre chistes y comentarios ingeniosos, sacan fotos de la lápida torcida del tataratataratatarabuelo, que indica donde está enterrado. ¿A quién le importa? Ha dado vueltas con las rotaciones cotidianas del mundo, con sus rocas, piedras y árboles, y no tiene más importancia que las piedras que hay en la colina. Pocos hay a quienes importemos cuando vivimos, y menos aun cuando morimos, y al final a todo el mundo le da lo mismo.

Ven como estés

Contradiciendo esta mentira de Satanás, el mensaje cristiano afirma: "A Dios le importas como individuo. Da lo mismo cuáles sean las circunstancias de tu vida en el presente: a Dios le sigues importando".

Voy a hacerte una pequeña confesión. Siempre que me invade la sensación de ser importante, y hablo y predico ante muchas personas importantes, hago algo para humillarme. A menudo acudo al centro de Chicago, a algunas misiones de rescate, y predico a los vagabundos, los adictos y las personas sin hogar que encuentro allí. Mientras contemplo a mi congregación de desheredados, veo a individuos que han perdido el sentido de su individualidad. Están atrapados en las estadísticas sociológicas de su tiempo.

En la segunda fila hay un vagabundo. Va vestido con unas prendas viejas y rotas que no son de su talla. Los zapatos carecen de cordones, y por uno de ellos asoma un dedo. Seguramente no se ha bañado en mucho tiempo, apesta a suciedad y está lleno de piojos. Ahí está, oliendo a todos los lugares en los que ha estado los últimos diez años.

Si pudiera hablar con él cuando estuviera sobrio, creo que me diría: "¿Por qué estoy aquí? A nadie le importa; no significo nada para nadie. No hay nadie, en ninguna parte, que sienta un interés emocional por mi persona".

Y para ser sinceros al respecto, su padre ya murió, su madre también, y su familia no quiere saber más de él por diversos motivos. Todo el mundo intenta olvidarse de que está vivo. Cuando los policías lo encuentran tirado en el callejón, le dicen: "Muévete, colega".

Allí está sentado, sumido en la tristeza y en la sensación de ser un huérfano, sin motivo para vivir y sin que a nadie le importe su muerte. No significa nada para nadie, a nadie le interesa su bienestar ni lo que le suceda.

Pero ese no es el final de la historia. No tiene por qué acabar ahí. El evangelio cristiano dice: "De tal manera amó Dios al mundo...".

Le dice a esa persona, con su suciedad, su pelo mugriento y

su mal olor, que haga una pausa. Hay alguien a quien le importa. Alguien a quien no le complace su forma de vivir. Alguien que incluso conoce su nombre, lo recuerda y lo ama. Significa algo para alguien.

Aunque puede que nuestro vagabundo menee la cabeza incrédulo, el mensaje cristiano puede llegar a él. "Dios te amó tanto que entregó a su único Hijo para que todo el que crea en Él, y tú estás incluido, no perezca sino que tenga vida eterna. Estoy aquí de parte de Dios para decirte que tienes valor. Hay alguien que se interesa por ti".

Esta es la elevada comprensión, esa faceta reluciente del diamante de la verdad que Dios ha arrojado al mundo casi con una informalidad feliz, diciéndole: "Tómala".

Vayamos un paso más lejos. ¿Qué pasa con uno de nuestros soldados heridos? Sería difícil encontrar a alguien que experimente la soledad del corazón como lo hacen nuestros soldados en el frente de batalla. ¿Y qué hay de aquel que ha sido herido y a quien su compañía ha abandonado? Ahí yace, tirado en territorio enemigo, rodeado de personas que hablan un idioma que no entiende, rodeado de personas que lo matarían nada más verlo. Allí está, ensangrentado sobre la tierra congelada, creyendo que todo el mundo lo ha olvidado y abandonado.

No puede haber nada más amedrentador y descorazonador que eso. Se ha esfumado toda esperanza. Nadie sabe, recuerda, a nadie le importa.

He sido un número para el Tío Sam, piensa mientras tiembla en medio del frío nocturno. *Ahora no le importo a nadie... a nadie.*

Incluso en la oscuridad de la noche, el mensaje cristiano acude a decir: "Hay alguien a quien le importas. A lo mejor para el ejército solamente eres un número, pero eres un ser humano vivo creado a la imagen de Dios, y el Dios a cuya imagen fuiste hecho se preocupa por ti. Para Dios eres importante. Para Dios eres un tesoro. Tienes importancia".

Puedo imaginar que en aquella última hora de soledad, cuando su corazón está atenazado por una sensación de orfandad, de repente, como salido de lo más hondo de su ser, surge en su mente un versículo bíblico que memorizó en la escuela dominical. El recuerdo de ese versículo empieza a florecer en su corazón. "¡Oh, Dios! Cuando era un niño, en la escuela dominical, me dijeron que era importante. ¿Es que ha cambiado algo? ¿Has cambiado de opinión, Dios? ¿Es distinto ahora que soy un hombre?".

Entonces, desde algún lugar enterrado en los pasillos de su memoria, llega la voz antigua de Dios que dice: "No, sigue sin gustarme tu condición, porque te amé hasta el punto de entregar a mi único Hijo, de manera que todo aquel que crea en Él no se pierda, sino que tenga vida eterna".

A la luz de este versículo, las mentiras de Satanás empiezan a desintegrarse y el mensaje cristiano llega al corazón del soldado herido y abandonado que yace en el campo de batalla a punto de morir.

Dejemos a ese soldado herido y centrémonos en su madre. Es bastante posible que muchas madres lloren por sus hijos que, según ellas piensan, están en el infierno. No tienen el consuelo de saber que esos hijos las recibirán en aquel día feliz. No saben que la mentira de Satanás se puede romper al recordar aquel versículo único.

La madre del ladrón en la cruz llora y dice para sí: "Le he fallado, como la sociedad, y él le ha fallado a ella. ¡Hijo mío, hijo mío!". Lo que no sabía ella era que Aquel que se interesaba por su hijo estaba a un paso de él. Aquel forajido, aquel traidor rebelde, en el último momento volvió sus ojos hacia Aquel que lo amaba y le dijo: Señor, "acuérdate de mí cuando vengas en tu reino". Entonces Jesús le dijo: "De cierto te digo que hoy estarás conmigo en el paraíso" (Lc. 23:42-43).

Lo único con lo que contaba aquella madre era con la información de que su hijo había muerto ejecutado. Lo que no sabía era que Aquel que lo amaba extendió su mano y lo tocó. ¡Qué reunión más feliz debió ser la del ladrón con su madre cuando se abrazaron en el paraíso! Es algo que solo puedo imaginar, pero entiendo el gozo que produciría semejante encuentro.

El mensaje cristiano dice "de tal manera amó Dios", y ese amor no va dirigido a una especie, sino a individuos. Dios ama a las personas. Cantamos un himno con las palabras "Jesús, el que ama *mi* alma", no "Jesús, el que ama a la raza humana".

En sentido estricto, la raza humana no existe. La raza humana está formada por individuos y, si los quitamos, ya no habrá raza humana. En cierto sentido existe lo que llamamos multitud, pero en otro la multitud no existe. Una multitud no es más que una congregación de individuos; y cada persona tiene una importancia y un sentido eternos en el corazón de Dios. "De tal manera amó Dios". A Dios le interesa emocionalmente el individuo.

Podemos ir por todo el mundo y decírselo a todos: al marinero que ha naufragado, al fracasado crónico, al hombre a quien no le sale bien nada de lo que hace. Algunas personas tienen el éxito en la punta de los dedos: todo lo que tocan se convierte en oro. Otras personas son un fracaso perpetuo: han establecido el patrón del fracaso. Suman dos y dos y les da cinco. Nada de lo que hacen les sale bien. Para ellos todo es fracaso, y dicen: "Fracaso en todo lo que hago. No sirvo para nada".

El inglés es un idioma tan directo y preciso que casi da risa. *"He's no good"* ("No es bueno para nada"), dice. Y esas palabras lo dicen todo. Un par de mujeres dicen de otra: "Esa no es buena para nada".

Recorramos todos los Estados Unidos de América, pasemos a Canadá, bajemos a México, crucemos el océano y lleguemos a Europa, sigamos hasta Asia, abarquemos todo. No hay un solo individuo de quien Dios diga: "No es bueno para nada". Dice:

"No hay justo ni aun uno"; todos debemos ser salvos, y pereceremos si no nos arrepentimos y nacemos de nuevo. Pero gracias a Dios, en ese sentido de que nos descarten como gente que no vale nada, que no sirve de nada, no hay ni uno solo.

No escuches a esos intérpretes de la verdad que dicen que Dios ha elegido a unos y no a otros, y que aquellos a los que ha elegido son los buenos y aquellos a los que ha rechazado no lo son. Son vasos de ira destinados a la destrucción, y Dios los creó para poder divertirse condenándolos. No hay nadie así en el universo. No digo que el bien está en todo el mundo, pero sí que habrá alguien que los quiera, sean buenos o no. Hay alguien que invierte emocionalmente en esas personas. A Dios todo el mundo le importa. A Dios le interesan los individuos.

Pero me dices: "Si me conocieras, no dirías eso". Por supuesto que no te conozco, pero no supondría ninguna diferencia, porque sigue siendo cierto. A Dios le interesas.

Me dices: "Sí, sé que se preocupa por la raza humana".

No, se preocupa *por ti*.

"¿Se preocupa por mi familia?"

No, se preocupa por ti, además de por tu familia.

Pero me dices: "He pecado, he mentido, he fracasado, he hecho votos que he roto y promesas que no cumplí. No sirvo para nada".

Lo único que puedo decirte es que si persistes en tu incredulidad atribulada, ni siquiera Dios podrá hacer nada por ti. Porque es la incredulidad la que te dice, al mismo tiempo que parte de tu corazón está hinchado de orgullo: "No hay nada que hacer, no valgo para nada". El Dios todopoderoso hizo todo lo necesario para decirte que sí vales. No que seas bueno moralmente, sino que eres importante para Dios, porque Él te va a rehacer. Ha demostrado su amor enviando a su Hijo unigénito para que todo aquel que crea en Él no se pierda, sino que tenga vida eterna.

Solo puedo señalar esto: "Así que la fe es por el oír, y el oír, por la palabra de Dios" (Ro. 10:17), y empieza a obrar en cuanto comenzamos a afirmar esta verdad. Si empiezas a afirmar, a decirle a Dios: "Oh, Dios, creyendo tu Palabra, afirmo que para ti soy alguien importante", esto podría cambiar toda la esencia de tu vida para todos los años que estés en el mundo.

"Soy pecador, pero importo. Mi destino es el infierno, pero no me dirijo hacia allá sin importarle a nadie. Importo aunque esté solo. Para el gobierno soy una cifra, pero el Dios del universo dice que importo".

Si tu corazón cree esto, porque forma parte del evangelio cristiano, entonces comienzas a orar. La fe viene por el oír, y se perfecciona al orar: "Oh, Dios, creo que te importo". ¿Ves lo sencillo, lo fácil que es regresar a los brazos de Dios, volver a Él, si te has alejado?

La primera vez acudimos a Él como pecadores, con la plena confianza de que Dios ha tomado la gran verdad (la verdad que el diablo nunca descubrió, la verdad que la humanidad nunca soñó en descubrir) y la ha comprimido con toda la presión del Dios trino, convirtiéndola en el reluciente diamante de la verdad, y sosteniéndola como el mensaje de la Iglesia. "De tal manera amó Dios al mundo, que ha dado a su Hijo unigénito, para que todo aquel que en él cree no se pierda, mas tenga vida eterna" (Jn. 3:16).

Si has pecado y no has acudido a Cristo creyendo, y no te has entregado a Él, no está bien. Sin duda perecerás. Pero por malo que hayas sido, por mucho que te hayas distanciado de Dios, de cuántas veces le hayas fallado o cuántas le hayas mentido (por muy terrible que hayas sido o lo malo que creas ser), tengo un mensaje para ti: importas. A Dios le importas; a Dios no le gusta cómo está tu vida; dice: "Ven y que todo el que lo oiga venga, y que nadie quede fuera".

Quienes te han conocido, han conocido tu mal carácter, tu actitud imposible, tu pasado, los que no tienen fe en ti, no pueden mantenerte fuera, porque no tienen las llaves de la muerte y del infierno. No pueden dejarte fuera, porque hay Uno a quien le importas tanto que dio a su único Hijo. En palabras de Charlotte Elliott: "Tal como soy, sin una sola excusa, pues que tu sangre diste en mi provecho, ya que me llamas que a tu seno vuele, oh, Cordero de Dios, a ti acudo, vengo".

8

La aplicación personal de la venida de Cristo al mundo

*Porque no envió Dios a su Hijo al mundo para condenar
al mundo, sino para que el mundo sea salvo por él.*
Juan 3:17

Este versículo hace tres afirmaciones interrelacionadas tan importantes, trascendentes y esenciales para la raza humana que podríamos decir, usando el lenguaje más conservador posible, que este versículo constituye *una proclamación extraordinaria*. Primero, Dios envió a su Hijo al mundo. Segundo, no lo envió a condenar al mundo. Tercero, lo envió para que el mundo fuera salvo.

Para demostrarte que no intento interpretarlo a mi manera, que simplemente expongo lo que contiene el pasaje, fíjate en la traducción que hizo Charles B. Williams. Lo expresa en positivo en vez de en negativo, pero el significado es exactamente el mismo: "Porque Dios envió a su Hijo al mundo no para condenarlo, sino para que el mundo sea salvo por él" (Jn. 3:17).

Déjame que te haga una pregunta ridícula. Imagina que este versículo no está ahí. No existe. Dios nunca dijo esto. Nunca quedó plasmado en las sagradas Escrituras. Además, no se nos expone como una proclamación extraordinaria. Una vez hecho esto, entiendo por qué tantos cristianos se ven llenos de apatía y de indiferencia frente al mundo que los rodea. Ahora comprendo la naturaleza frívola de tantas actividades en la Iglesia. ¿Cómo se puede explicar esta actitud sin haber eliminado antes este versículo?

Si este versículo no existiera, entendería por qué la gente puede venir a la iglesia y sentarse sumida en un silencio estoico. Entendería por qué las personas se arrodillan para orar y musitan junto a un oído que no les escucha. Entendería por qué nos levantamos por la mañana y nos preocupa más que haya llegado el periódico que si este versículo está ahí o no. Si el versículo no estuviera ahí, entendería nuestra apatía y eso explicaría nuestra indiferencia. Pero este versículo está ahí, proclamando la intención de Dios.

Podría decir que es la indiferencia del desespero. Israel entendía este tipo de desespero. En Egipto, durante 400 años, una generación tras otra vivió la esclavitud y la opresión. Cuando surgía una nueva generación de israelitas, solo esperaban verse sometidos a esclavitud. Languidecieron durante innumerables años en un campamento de prisioneros, sin esperanza de que la situación cambiase. De modo que vivían con la cabeza gacha, los hombros hundidos y sin expectativas.

El salmista David expresó sus sentimientos en un salmo: "Junto a los ríos de Babilonia, allí nos sentábamos, y aun llorábamos, acordándonos de Sion. Sobre los sauces en medio de ella colgamos nuestras arpas. Y los que nos habían llevado cautivos nos pedían que cantásemos, y los que nos habían desolado nos pedían alegría, diciendo: Cantadnos algunos de los cánticos de Sion. ¿Cómo cantaremos cántico de Jehová en tierra de extraños?" (Sal. 137:1-4)

Claramente se habían entregado al desespero, sin expectativas de que se produjese algún cambio.

Si no se hubiera hecho esta proclamación extraordinaria, yo entendería que fuésemos tan infelices. Podría entender que la raza humana deambulara mirando el suelo como los animales, alzando sus ojos al cielo en raras ocasiones. Pero a la luz de que este versículo se hizo realidad hace 2000 años, formulo esta pregunta: ¿Qué nos pasa? ¿Qué pasa con los cristianos, y qué sucede con el hombre no salvo que tiene el mensaje?

Este versículo existe. Dios lo dictó. Y nos contempla desde las sagradas Escrituras como una proclamación extraordinaria. Lleva consigo el latido mismo del corazón de Dios.

Frente al sonido pleno de esta proclamación, más importante que cualquier declaración legal o proclamación de paz, cualquier noticia de una plaga o de lugares lejanos, cualquier descubrimiento de un continente nuevo o incluso de otro mundo, nada de lo cual podría compararse con esto... la gente se muestra indiferente. Parece que nuestros ojos se ven afectados por una extraña ceguera, nuestros oídos por una especie de sordera, nuestras mentes por la confusión y nuestros corazones, me temo, por un gran endurecimiento. Al leer esto y reflexionar sobre ello, y ver su naturaleza reluciente y la importancia que tiene para la raza humana, nos conmociona poco. ¡Es tan maravilloso y al mismo tiempo tan terrible que este versículo esté aquí!

Una victoria para el enemigo

Creo que esta apatía que padecemos es una victoria técnica para el mal organizado. No sé gran cosa sobre los espíritus tenebrosos que se mueven arriba y abajo en este mundo. Sé todo lo que quiero saber. Quiero saber incluso menos a medida que me aproximo a Dios en gracia, pero sé que la Biblia enseña que hay espíritus siniestros que se mueven por el mundo. Incluso hay espíritus organizados. Quizá esto es lo que quiere decir Pablo cuando habla sobre los principados, las autoridades, los poderes y los señoríos (Ef. 1:21). No está hablando de los buenos, de modo que tiene que estar hablando de los adversarios. Sin duda que están activos en el mundo, invisibles para el ojo desnudo, quizá inaudibles, pero están. Son las legiones del infierno; son la "quinta columna" de la iniquidad presente en el mundo; su misión es pervertir, destruir, atar y matar como el ladrón que se mete en el rebaño. Es una victoria técnica para el diablo, y creo que es más que eso.

Esta proclamación extraordinaria debe asombrar muchísimo a las criaturas no caídas de las que leemos en las Escrituras; los vigilantes, los santos, los serafines, los querubines, los ángeles y arcángeles y las criaturas santas que no cayeron. No estoy seguro de lo que saben, pero deben saber algo. Se había enviado a alguien para anunciar el nacimiento de Jesús. Algunos anunciaron la resurrección de Jesús y, en otro caso, en el libro de Apocalipsis, los vemos volando en el cielo, entre los hombres, de modo que deben estar aquí o allí. Escapa a mi capacidad de comprensión hasta qué punto saben y entienden esas criaturas.

Si ellas saben lo que sabemos nosotros sobre esta proclamación extraordinaria, deben estar maravilladas y asombradas. Quizá incluso se pregunten cómo es que los hombres y las mujeres pueden tomarse este asunto con tanta indiferencia.

¿Cómo pueden los cristianos instruidos, que tienen una Biblia en cada habitación de sus casas, mostrarse tan apáticos frente a la importancia de este versículo de las Escrituras? Esto debe asombrar a esas santas criaturas,

Cuando leemos con apatía e indiferencia "no envió Dios a su Hijo al mundo para condenar al mundo" (Jn. 3:17), no es un verdadero reflejo de nuestra cultura, sino una prueba de nuestro pecado y de que estamos más endurecidos.

Esto no es solo una victoria para el mal organizado y motivo de asombro para las criaturas no caídas, sino también una gran tristeza para Dios en lo alto. Creo que Dios también las amó. No es el entusiasmo del fanatismo, pero creo que Dios las amó.

En el relato evangélico, vemos que Jesús sentía una especial debilidad por los bebés. Creo que era porque son vigorosos, alegres, nada sofisticados y frescos. Se comportan como lo hacen por simplicidad, y como una respuesta inmediata de sus jóvenes corazones. Y el Señor debió amarlos; puso sus manos sobre sus cabezas y dijo: "porque de los tales es el reino de los cielos" (Mt. 19:14), y les dio una gran importancia.

Desde entonces, los teólogos han estado dándole vueltas a este asunto de los niños, intentando averiguar qué significa todo. Las personas de corazón sencillo saben que Jesús amaba a los niños, eso es todo. Amaba a los que no tenían pelo, a los que tenían mucho, a los pelirrojos y a todos los demás, porque había en ellos algo que aún no se había estropeado.

William Wordsworth dijo esto en la quinta estrofa de su poema "Intimaciones de inmortalidad":

> Nuestro nacimiento es solo un sueño y un olvido:
> el alma que surge en nosotros, la estrella de la vida,
> tuvo en otro lugar su ocaso,
> y procede de lejos.
> No en el olvido absoluto
> ni en la desnudez completa,
> sino con restos de nubes de gloria venimos
> de Dios, que es nuestro hogar:
> ¡el cielo vive en nosotros cuando nacemos!

Venimos recién salidos de la mano de Dios y vestidos con nubes de gloria, y en torno al niño que crece se extiende un poco de cielo. A medida que se aleja más de su casa, por triste y trágico que sea, la gloria desaparece y se evapora, y ese poco de cielo que rodea al recién nacido desaparece como el rocío bajo el sol. Al final ya no hay cielo ni gloria; se olvida de Dios y su corazón se endurece, la puerta se cierra a su alrededor y es un hombre carnal en un mundo caído.

Este tipo de cosas ha afectado incluso al santuario el domingo por la mañana. Es bastante inusual que una persona acuda a la iglesia el domingo con la guardia baja y la cabeza gacha, diciendo: "Estamos delante de ti para escuchar lo que Dios quiere decirnos". El pastor que haya tenido este tipo de congregación está ricamente bendecido por Dios.

Pero me temo que esto no es demasiado frecuente. Hoy día el cristiano medio se ha vuelto tan culto, tan mundano, tan sofisticado, cargado de prejuicios, quemado, aburrido, cansado de la religión y está tan magullado que la frescura, que los rastros felices de las nubes de gloria parecen haberse esfumado. Pero esta es la gran necesidad de este momento. Un versículo como Juan 3:17 debería despertar una respuesta inmediata en el corazón humano.

¿Por qué debía enviar Dios esta proclamación extraordinaria, diciendo "no envió Dios a su Hijo al mundo para condenar al mundo"? ¿Qué propósito subyacía en esto? No envió a su Hijo al mundo para condenar al mundo, sino para que el mundo fuera salvo. Y lo triste es que muchos cristianos lo toman con gran apatía. ¿Quién ha envenenado nuestra copa? ¿Qué alianzas malignas hemos hecho? ¿Qué le ha hecho el pecado a nuestros corazones? ¿Qué demonio ha estado tocando las cuerdas del arpa de nuestra alma? ¿Quién nos ha dado sedantes? ¿Quién nos ha dado la medicina de la apatía? ¿Qué nos ha pasado, que podemos hablar de esto, cantar sobre ello, predicar sobre el tema, y seguimos igual que antes?

Simpatizo con William Wordsworth cuando dijo que preferiría ser pagano, tener un credo pagano y estar en la orilla del océano, imaginando que podía escuchar al viejo Neptuno o Tritón tocando su cuerno, y tener algo vivo, en vez de ser un cristiano civilizado para quien todo ha muerto. Puede ser una afirmación extrema, pero creo que sé lo que quería decir. El mundo está demasiado con nosotros. Hemos desperdiciado nuestras fuerzas comprando y gastando.

Lo que distingue a la proclamación extraordinaria

¿Qué tiene esta proclamación extraordinaria que la distingue de todas las demás? ¿Adónde podrías ir para encontrar algo igual a esto? ¿Y por qué esta proclamación debería sujetar con tanta firmeza nuestros corazones y nuestras mentes?

Yo sostengo que en el mundo actual no existe nada semejante a esta proclamación. Dentro del panorama general, la proclamación de independencia, tal como la redactaron nuestros padres fundadores, fue bastante importante. Hoy día somos lo que somos gracias a esa gran proclamación. Por importante y poderosa que sea, palidece en comparación con la proclamación extraordinaria de Dios.

Nuestros padres fundadores eran grandes en muchos sentidos. Podemos nombrarlos a todos. Pero cuando hablamos de esta proclamación extraordinaria, tenemos a alguien mayor que Thomas Jefferson, George Washington o Benjamin Franklin, más grande que todos estos padres fundadores juntos.

Quizá en el futuro vendrán nuevas y mayores proclamaciones de Dios basadas en esta. Pero hoy día en el mundo no hay nada, como no lo hay en las Escrituras, tan grande como esta proclamación.

La proclamación empieza cuando Dios envía a su Hijo al mundo con el propósito de salvarlo. "Dios envió a su Hijo al mundo". Debo tomar una palabra y cambiarla, de modo que diga exactamente lo que quiso Dios. La palabra "mundo" no es una referencia geográfica. La proclamación no dice: "Dios envió a su Hijo al Oriente Cercano... envió a su Hijo a Palestina... a Belén... a la esquina entre las calle Segunda y Novena". El término "mundo" no tiene un significado geográfico o astronómico. No tiene nada que ver con kilómetros, distancias, continentes o islas. No se refiere al espacio, la topografía, los montes y las ciudades. Por supuesto que Él fue a Palestina, y a Belén, y sin duda a ese pequeño territorio que se extiende entre los mares.

Sin embargo, no es eso lo que quiere decir la palabra "mundo" en este pasaje. No vino por ese motivo. "Dios envió su Hijo al mundo", no "Dios envió su Hijo al Oriente Cercano". No dice: "De tal manera amó Dios la geografía". No dice: "De tal manera amó Dios los montes nevados, los prados bañados por el sol, los arroyos caudalosos o los grandes picos helados del norte". Seguramente Dios ama estas cosas; yo creo que lo hace. En los Salmos hay muchos pasajes que nos dan la idea de que Dios está enamorado del mundo que creó. Pero no es esto lo que quiere decir aquí. Dios envió a su Hijo a la raza humana. Jesucristo vino a las personas. Y no solo a una raza de personas, sino a toda la humanidad. Estas otras cosas son secundarias. Vino por las personas, y vino a salvarlas.

Imagina que pudiéramos ver el mundo entero a vista de pájaro. Imagina que fuéramos una estrella que contempla el amplio océano de la humanidad. ¿Qué veríamos? Veríamos a los minusválidos, los ciegos y los leprosos. Veríamos a los gordos, los flacos, los altos y los bajos. Veríamos a los sucios y a los limpios. Los veríamos pasear por la avenida con orgullo, sin temer a la policía. También los veríamos recorriendo deprisa los callejones suburbanos y colándose por las ventanas. Los veríamos retorcerse en la agonía de la muerte. Veríamos cómo patean pelotas en el terreno de juego y corren por el campo de béisbol. Veríamos a pequeños y enfermos y a grandes y fuertes. Veríamos a ignorantes, incapaces de juntar una letra con otra. Los veríamos pasear con gravedad bajo los olmos de alguna ciudad universitaria, soñando sueños profundos de la cuarta dimensión, o creando algún gran poema o una obra teatral para asombrar y encantar al mundo.

Veríamos personas. Gente sencilla, gente blanca, gente negra, personas con los ojos rasgados distintos a los nuestros, personas cuyo cabello no se parece en nada al nuestro. Personas cuya dieta es diferente a la nuestra. Personas con hábitos distintos a los nuestros, muy diferentes a nosotros; pero veríamos personas. Sus diferencias son externas; sus similitudes son internas. Sus diferencias serían costumbres y hábitos, y sus similitudes tienen que ver con la naturaleza. La naturaleza humana que Jesucristo vino a rescatar.

Por lo tanto, ahí tendríamos al ladrón y al embustero. Estarían junto al mártir, la madre del soldado moribundo y el muchacho en la camilla, que fue devuelto a su casa mientras sonaba el himno estadounidense, para olvidarlo en un hospital. A pesar de todo, todos son personas, y Dios envió a su Hijo a las personas. Es el Salvador de las personas. Jesucristo vino a las personas como tu familia y la mía, y a otras personas como nosotros.

No solo a los teólogos instruidos, a personas que saben hablar griego y hebreo. Jesús también vino por ellos; su capacidad de leer griego y hebreo es solo secundaria. Son iguales que ese muchacho ignorante que no sabe ni hilvanar sus frases. Rascamos a un profesor y debajo encontraremos a un rústico. Toma una aguja o una navaja y pincha un poco la piel de esa señora tan distinguida, esa egoísta tan bien arreglada que pasea con un libro elitista bajo el brazo de camino al palacio de la ópera. Si la pinchas, solo verás a otra mujer que suelta un chillido.

Reclamando lo que es suyo

¿Cómo definirías la misión de Cristo cuando vino a este mundo? Digamos, por ejemplo, que nunca hemos escuchado el evangelio. No tenemos una Biblia ni himnarios. Los 2000 años de la tradición cristiana ya no están, ya no tenemos nada de eso en cuenta. Nunca hemos escuchado el mensaje de salvación. Somos como los paganos, que viven para sí sin pensar en absoluto en Dios.

Dado este estado de cosas, ¿qué sería lo primero que haríamos al escuchar esta proclamación maravillosa de Cristo, la proclamación de que Dios envió a su Hijo al mundo para redimirlo? ¿Cuál sería nuestra respuesta a esto?

Estoy seguro de que se parecería a lo que hicieron Adán y Eva en el huerto de Edén. Corrieron en busca de rocas y árboles para esconderse de la proclamación. En su interior había algo que les infundía miedo, terror, que les indujo a esconderse presas de pánico.

Teniendo esto en mente, ¿cuál es la misión lógica para Aquel que vendría? Bueno, nuestros propios corazones nos dicen el motivo de su venida. Nos lo dicen el pecado, la oscuridad, el engaño y la enfermedad moral. Las mentiras que hemos dicho, las rabietas que hemos tenido. Los celos que hemos sentido. Todo esto nos dice por qué tenía que venir Jesús. El pecado que no podemos negar nos da el motivo de su venida. Su misión consistía en juzgar al mundo. Si no nos hubiera dicho esto, el Espíritu Santo nunca habría dicho que no juzgaría al mundo. ¿Por qué dijo esto? Porque sabía que la conciencia humana solo podía decir una cosa: "Oh, Dios, si envías a alguien de tu trono, encuéntrame un lugar donde esconderme, porque mi corazón me dice que debería morir. Mi corazón me dice que he acumulado pecados y mi sentencia es la muerte. Y si viene el Justo, debo morir".

Sin embargo, su misión no fue esa. No vino a juzgarnos. La proclamación extraordinaria es, sencillamente, que envió a su Hijo al mundo, pero no para juzgarlo. Ese no fue su propósito, en absoluto. Vino para que los hombres fueran salvos. No vino a condenar, sino a reclamar. Esta fue la misión de nuestro Señor Jesucristo. Vino a reclamar lo que le pertenecía por derecho, por haberlo creado.

Podríamos formular otra pregunta: ¿por qué vino a los hombres y no a los ángeles caídos? Creo que el motivo es evidente.

Vino a los hombres y no a los ángeles porque el hombre había sido creado originariamente a imagen de Dios, y los ángeles no. Vino a la raza de Adán caída y no a la de los ángeles caídos, porque Adán fue creado a imagen de Dios. Que Jesús se encarnase fue lógico desde el punto de vista moral. Pudo revestirse de carne porque Dios hizo al hombre a su propia imagen. Cristo tenía el potencial para asumir la encarnación. El Dios todopoderoso podía vestirse con el traje de la carne humana. Podía ser un hombre para caminar entre hombres. Pero entre los ángeles y las criaturas caídas no había nada parecido al hombre. De modo que no vino para condenar, sino para reclamar.

Tómalo como algo personal

Cuando lees "no envió Dios a su Hijo al mundo para condenar al mundo" (Jn. 3:17), piensa en términos personales. La cruz no se menciona en Juan 3:17, ni tampoco en Juan 3:16. A veces imaginamos que tenemos que abrir nuestras bocas y, con una sola gran frase, enunciar toda la teología que existe. Dios no tiene tantos reparos. Lo dice todo en su Libro, y la cruz sobresale como un gran pilar reluciente en medio de las Escrituras. Sin esa cruz en la que murió el Salvador no podría haber Escrituras, ni revelación ni redención. Pero aquí no dijo nada sobre la cruz. Dijo, sencillamente, que envió a su Hijo y lo dio, usando esos dos verbos, "enviar" y "dar". Dio a su Hijo, envió a su Hijo. Más adelante, el pasaje desarrolla la verdad que, al dar a su Hijo, lo dio para que muriera en la cruz; pero en este pasaje no lo dice.

Piensa en esto en términos personales. Cristo nos enseñó a hacerlo en la historia del hijo pródigo, la historia más cargada de sentimiento contada jamás por un ser humano. Dios no quería que nos pusiéramos genéricos ni teológicos con este tema, de modo que lo metió en un libro, puso un punto y luego tiene un artículo 1, sección 2, subdivisión B.

Dios conocía la propensión humana, de modo que tenemos el relato del hijo pródigo (Lc. 15:11-32). Es tan conocido que no hace falta repetirlo aquí. Pero en ese relato tenemos el de toda la humanidad. Da lo mismo la cultura a la que pertenezcas: siempre tendrá la historia de un hijo pródigo.

La esencia de esta parábola es el énfasis en el "yo". El hijo solamente pensaba en las cosas que lo afectaban personalmente. No prestaba atención alguna al mundo que lo rodeaba, solo a aquellas cosas que lo afectaban personal e inmediatamente. Según las Escrituras, este hijo pródigo "volvió en sí" (Lc. 15:17). Cuando vio lo que le estaba haciendo personalmente el mundo que lo rodeaba, recordó la casa de su padre. Si la gente entendiera hoy que todo lo que hay en el mundo está en su contra, volvería en sí, por así decirlo, y retomaría el camino a la casa del Padre.

Cuando el hijo pródigo encontró el valor para volver a la casa de su padre, descubrió, para su sorpresa extrema, que su padre estaba esperando recibirlo con los brazos abiertos. Vio que su padre estaba contentísimo de que hubiera vuelto. David entendió esto y escribió: "Jehová es mi pastor; nada me faltará" (Sal. 23:1). No dijo: "El Señor es un pastor, a uno no le faltará; alguien puede yacer en verdes pastos". Esto no significaría nada, dado que no es personal. Dijo "*mi* pastor, nada *me* faltará, *me* hace descansar".

El hijo pródigo podría haber dicho: "El padre de alguien tiene bienes más que suficientes, y sin embargo ese hombre se muere de hambre; tal persona debería levantarse y volver a casa de su padre". Esto es general y religioso, pero no significa nada. El hijo pródigo dijo: "Yo soy el que tiene hambre, Dios es mi Padre, y mi Padre está en casa; volveré a ella". Lo tomó como algo personal.

La incredulidad siempre se esconde detrás de tres árboles, que son: "en otra parte", "en otro momento" y "otra persona".

Alguien escucha un sermón sobre Juan 3:16 y dice: "Esto es cierto en otra parte; es cierto de otra persona; es cierto en otro momento, pero no ahora". Esta es la espantosa mentira de la incredulidad.

La fe nace de creer en Dios y en uno mismo, y dice: "Dios envió a su Hijo a la raza humana para redimirla. No puede redimirla en masa. Tiene que redimir y salvar a la raza humana como individuos. Eso quiere decir 'yo'. Cree esto de ti mismo y recuerda: *No en otra parte, sino aquí. No en otro momento, sino ahora. No otra persona, sino yo*".

Individualízate; no busques a nadie más, solo a ti. Jesucristo no vino a condenarte sino a salvarte, sabiendo tu nombre, sabiendo cómo eres, cuánto pesas ahora mismo, cuántos años tienes, qué haces, dónde vives, sabiendo qué cenaste ayer y qué tomarás para desayunar, dónde dormirás esta noche, cuánto cuestan tus ropas, quiénes fueron tus padres. Te conoce individualmente, como si no hubiera otra persona en todo el mundo. Murió por ti con tanta seguridad como si hubieras sido el único ser humano perdido. Sabe lo peor de ti, y es quien más te ama.

Si estás lejos del redil y de Dios, pon tu nombre en las palabras de Juan 3:16 y di: "Señor, soy yo. Soy la causa y el motivo de que vinieras al mundo a morir". Este tipo de fe positiva, personal, ese Redentor personal, es lo que te salva. Si quieres entrar apresuradamente, no tienes por qué conocer toda la teología ni las palabras correctas. Puedes decir: "Soy aquel por quien vino a morir".

Escríbelo en tu corazón y di: "Jesús, ese soy yo; tú y yo", como si no hubiera otros. Ten este tipo de creencia personalizada en un Señor y Salvador personal. Una vez esta personalización tiene lugar en el corazón humano, este ya no vuelve a desviarse. El Señor Dios todopoderoso da testimonio dentro de esa alma de que algo ha sucedido en ella, y que pertenece a Dios y Dios a él. Ya no necesita que le den de comer leche tibia, aguada. Crece en la gracia porque ha tenido la experiencia personalizada e individual de saber que Juan 3:16 se refiere a él.

LA ARMONÍA Y LA UNIDAD PERFECTAS DE LA TRINIDAD

*Respondió entonces Jesús, y les dijo: De cierto, de cierto
os digo: No puede el Hijo hacer nada por sí mismo,
sino lo que ve hacer al Padre; porque todo lo que el
Padre hace, también lo hace el Hijo igualmente.*

Juan 5:19

Sam Jones, aquel evangelista estadounidense tan excéntrico de hace un par de generaciones, dijo que cuando el predicador medio abordaba un pasaje, le recordaba a un insecto que intentaba cargar un fardo de algodón. Y si alguna vez he intentado levantar un fardo de algodón, es precisamente con el siguiente pasaje de las Escrituras, Juan 5:17-26.

En la parte introductoria de este pasaje, nuestro Señor explica cómo trabaja con el Padre. "No puede el Hijo hacer nada por sí mismo, sino lo que ve hacer al Padre; porque todo lo que el Padre hace, también lo hace el Hijo igualmente" (Jn. 5:19). He mencionado la actividad incesante de Dios Padre, la obra creativa incansable, incesante pero a la vez reposada y siempre omnipotente del Padre, que avanza hacia un fin predeterminado. Avanza hacia un propósito que determinó en Cristo Jesús antes de que el mundo fuese. Aquí nuestro Señor nos dice que su obra encaja con la del Padre, y que depende de ella. "No puede el Hijo hacer nada por sí mismo" (v. 19).

Esto es un poco de teología que podemos llevar con nosotros a todos los corredores y pasajes de la Palabra de Dios. "No puede el Hijo hacer nada por sí mismo". Pero el Hijo puede hacerlo todo en sí mismo. He citado el concepto de la Edad Media de que el Hijo no es Dios de sí mismo, pero sí lo es en sí mismo. O, por expresarlo con mayor corrección, el Hijo no es Dios de sí mismo sino del Padre. Y aquí vemos que el Hijo obra él mismo, pero no de sí mismo, porque por sí mismo nada puede hacer.

Aquí se enseñan varias doctrinas maravillosas que deberían deleitar al creyente. Una de ellas es la armonía de la bendita Trinidad.

Igual a Dios y eterno como Él

Creo que es imposible exagerar la importancia de esta doctrina, que dice que existe una armonía perfecta entre las personas de la Trinidad. Nunca debemos permitirnos pensar, aunque solo sea una vez, que existe algún conflicto entre las Personas de la Trinidad. El Padre lo planificó, pero lo planificó en su Hijo. Lo llevó a cabo por medio de su Hijo y mediante el poder del Espíritu Santo. De modo que en la bendita Trinidad no ha habido otra cosa que armonía. Y todo lo que hace el Padre, el Hijo ve cómo lo hace, y actúa en armonía con lo que hace el Padre. Y el Espíritu Santo es el vínculo perfecto entre el Padre y el Hijo, energizando al Hijo eterno con las energías del Padre, y por consiguiente obrando armoniosamente para alcanzar un fin predeterminado. Esto se enseña en este pasaje y por toda la Biblia.

Pero aquí también se enseña la posición subordinada del Hijo del Hombre. Esto ha molestado a muchas personas; que el Hijo sea igual al Padre pero sin embargo esté subordinado a

Él, porque nuestro Señor Jesucristo enseña ambas cosas. Dice que "no puede el Hijo hacer nada por sí mismo" (Jn. 5:19), y dice "el Padre mayor es que yo" (Jn. 14:28), de modo que adopta una posición subordinada y ora a su Padre. Un igual no ora a otro igual que él; un igual ora a alguien que está por encima de él y a quien puede dirigir sus oraciones; y cuando el Hijo ora al Padre, esto es una confesión pasiva de subordinación. No es igual al Padre, de modo que ora a alguien que está por encima de él, aunque sin embargo puede decir: "Yo y el Padre uno somos" (Jn. 10:30) y "el que me ha visto a mí ha visto al Padre" (Jn. 14:9).

Sin embargo, ¿qué quiere decir esto, y cómo lo entendemos? ¿Hay una contradicción en estas afirmaciones? No, no hay ninguna contradicción, porque el antiguo Credo de Atanasio dice, relativo a la Trinidad: "Igual al Padre por lo que respecta a su deidad, e inferior al Padre en lo que respecta a su humanidad; quien, aunque es Dios y hombre, sin embargo no son dos, sino un solo Cristo".

Y en esta antigua y santa Trinidad no existe nada antes y nada después, nada más alto y nada más bajo, sino las tres Personas juntas, eternas e iguales. De modo que Jesucristo tiene las dos naturalezas, la del hombre y la de Dios, armonizadas en una personalidad perfecta. No imaginemos que Jesús es esquizofrénico ni tiene doble personalidad. Sepamos que tiene una sola personalidad pero dos naturalezas armonizadas en ella. Y cuando habla de sí mismo llamándose "el hijo de María", dice: "Respondió entonces Jesús, y les dijo: De cierto, de cierto os digo: No puede el Hijo hacer nada por sí mismo, sino lo que ve hacer al Padre; porque todo lo que el Padre hace, también lo hace el Hijo igualmente" (Jn. 5:19); y dice: "mi Padre mayor es que yo" (Jn. 14:28). Cuando habla de sí mismo como Dios, dice: "Yo y el Padre uno somos" (Jn. 10:30). De modo que aquí no vemos ninguna contradicción, sino tan solo un acuerdo.

El misterio de los tres en uno

Siendo un predicador muy joven, conocí al grupo "Solo Jesús". Ellos afirman que el nombre de Dios es Jesús. Según ellos, las Escrituras dicen: "Por tanto, id, y haced discípulos a todas las naciones, bautizándolos en el nombre del Padre, y del Hijo, y del Espíritu Santo" (Mt. 28:19). Pero esto no nos da el nombre. Pero según ellos, Jesús es el nombre del Padre, del Hijo y del Espíritu Santo.

El problema es que no logran entender cómo tres pueden ser uno y uno puede ser tres. Basan su teología en las matemáticas. Su aritmética los induce a confusión, de modo que dicen que solamente existe una Persona que es la Trinidad, Jesús, y que este es el Padre, el Hijo y el Espíritu Santo. Estos amigos nunca me han explicado cómo uno puede ser el Padre de otro.

Enseñan que Dios es una sola Persona, que es Padre, Hijo y Espíritu Santo. Yo no entiendo cómo el nombre de los Tres, o el nombre de este Uno es Jesús. También hay una escuela de teólogos modernos que dicen que hay una Persona en la Trinidad, pero que tiene tres máscaras. Es decir, tres caras.

En la antigua Roma tenían un dios llamado Jano. Era el dios romano de los pórticos y las puertas los principios y los finales, y se lo representa con una cabeza con dos rostros, cada uno de los cuales mira en la dirección opuesta al otro. Pero estos teólogos han ido un paso más lejos y han dado tres rostros a la Deidad. Cuando esta Persona de la Trinidad quiere ser el Padre, se pone el rostro de este y lo vuelve hacia ti. Cuando quiere ser el Hijo, se pone el rostro del Hijo, y cuando quiere ser el Espíritu, este es el rostro con que te mira. Me resulta mucho más sencillo creer en un Dios antiguo, incorruptible, increado, fuente de la deidad eterna, y que las tres Personas surgen de esa Deidad.

Pienso que Dios es como un gran océano. Los antiguos teólogos místicos enseñaron que la Deidad está en y subyace en las tres Personas de la Trinidad. Enseñan que existe un Dios subyacente, y que este se manifestó como Padre, Hijo y Espíritu Santo, en tres personalidades. Esto es lo que yo creo. Creo que el Padre es el Dios antiguo, y que el Hijo es el Dios antiguo que se expresa como Hijo, y que el Espíritu Santo es el Dios antiguo: los tres tienen una sola sustancia y son eternos. Son uno, sin principio ni creación. Así es como tenemos a un Dios trino.

Cuando Jesús dice "mi Padre mayor es que yo", está hablando de su humanidad. Cuando dice "yo y mi Padre uno somos", está hablando de su deidad. Y cuando habla de su deidad, no adopta una posición subordinada al Padre, como no lo hace tampoco el Espíritu Santo; estas tres son una. Es un misterio maravilloso, y no afirmo que lo entienda, pero confieso que me deleita temblar delante del trono y decir "santo" repitiéndolo tres veces: "santo, santo, santo". De manera que dentro de la bendita Deidad existe armonía. Existe una subordinación por parte del Hijo respecto al Padre con el propósito de la creación y la redención.

La comunión ininterrumpida en Dios

Lo tercero que nos enseña este pasaje es la relación inalterada entre el Padre y el Hijo en la encarnación.

No escucho a mucha gente predicar sobre el Dios eterno y el credo eterno. No pretendo criticar a nadie que predica la verdad; solo quiero decir que sin duda esta es una verdad que se pasa peligrosamente por alto en la época en que vivimos. Y en la Biblia hay todo un mundo de verdades de oro que podemos explotar, usando el pico de la oración, y que será comida y bebida y una ayuda maravillosa para todos los cristianos.

En la encarnación existió una relación inalterada entre el Padre y el Hijo. Generalmente decimos que Jesucristo dejó su hogar en los cielos para descender y desvincularse del Padre, abandonando los deleites que tenía en su seno y en su corazón y caminando exiliado entre los hombres. Pero esto es una verdad a medias. El himno que escribió Charles Wesley, titulado "¿Y puede ser que obtenga yo?", nos lo explica:

> Abandonó el trono de su Padre celestial,
> tan libre, tan infinita su gracia,
> se vació de todo menos de su amor
> y sangró por la raza indefensa de Adán.

Y ciertamente lo hizo, pero nunca se despojó de su deidad. Consideró que la igualdad con Dios no era algo a qué aferrarse, y entonces se despojó. Recuerda una cosa: nunca se despojó de su deidad. No podía hacerlo; sería metafísicamente imposible el mero hecho de pensar que el Hijo eterno pudiera ser algo menos que Dios. Nunca se despojó de ninguno de los atributos de la deidad; lo que hizo fue desprenderse de los complementos de la deidad. Se despojó de las evidencias de la deidad, cubriéndola con un manto de carne opaca y caminando entre nosotros como si fuera un hombre. Era Dios con ropa de trabajo, viviendo en el mundo, llevando las prendas livianas de la humanidad que tapaban su deidad. Cuando la ocasión lo exigía, permitía que su deidad se manifestase, como en cierto momento cuando oró a su Padre celestial y su rostro resplandeció, y sus ropas se volvieron más blancas que cualquier flor de este mundo, brillando como el sol mientras él estaba arrodillado. Aquello no fue más que su deidad que se manifestó a través del velo anteriormente opaco de su humanidad (Lc. 9:28-29).

Sin embargo, incluso mientras caminaba por la tierra, mantuvo una comunión inquebrantable con su Padre. Porque es imposible que el Padre y el Hijo dejen de ser uno solo en ese mar eterno de la deidad. Pero el hombre Cristo Jesús exclamó: "Dios mío, Dios mío, ¿por qué me has desamparado?" (Mt. 27:46). Y por lo que respecta a su humanidad, el Padre lo abandonó, pero en lo relativo a su deidad ese abandono sería imposible, porque no podemos dividir la deidad ni separar a las Personas de la sagrada Trinidad. De modo que Jesús, cuando caminó por este mundo, veía al Padre; y esto nos ofrece una visión privilegiada, la clarividencia perfecta del Hijo.

La visión clara del Padre que tenía el Hijo

Utilizo el término "clarividencia" sin excusarme, si bien requiere una explicación. ¡Qué hermosa es esta palabra, "clarividencia"! Me gusta porque significa visión clara, visibilidad perfecta, una vista impecable e infinita en la que no se interpone ninguna nube. Pero las sectas se han apropiado de ella, igual que los brujos y brujas y espiritistas, y ahora tenemos a clarividentes manipulados por los espíritus. Tienen el mismo derecho a hacer esto que el que tengo yo de reclamar el título de rey de Inglaterra. La verdad es que el espiritista no ve claramente, ni está dotado de una visibilidad y una compresión perfectas. Nadie ve claramente excepto el Hijo.

"Respondió entonces Jesús, y les dijo: De cierto, de cierto os digo: No puede el Hijo hacer nada por sí mismo, sino lo que ve hacer al Padre; porque todo lo que el Padre hace, también lo hace el Hijo igualmente" (Jn. 5:19).

El Padre y el Hijo trabajan armoniosamente sin perderse de vista. Ni todas las nubes que cubrieron en algún momento Palestina impidieron la clarividencia del Hijo, la visión clara de Jesucristo. Ni todas las sombras que se acumularon en el Calvario pudieron impedir que el Hijo eterno contemplase plenamente el rostro del Padre eterno.

Por lo que respecta a su humanidad, clamó en la agonía del sacrificio diciendo "Dios mío, Dios mío", y luego sangró y murió cuando Dios se apartó del sacrificio. Sin embargo, el Dios eterno no se vio afectado ni dividido, y el Hijo miró el rostro claro del Padre sin que se interpusiera sombra alguna. Tuvo que ser así.

¡Qué redención tan terrible, confusa e imperfecta hubiera sido si Jesucristo hubiese tenido que ganársela a la fuerza! Si Él, el Hijo eterno, hubiera sido rechazado de la presencia del Padre, no tendríamos cristianismo, sino mitología romana.

El amor perfecto dentro de Dios

A juzgar por las predicaciones modernas, podríamos imaginar que dentro de la Deidad existe cierto tipo de conflicto, y que el Hijo de Dios fue una especie de semidiós romano que se coló en el mundo para rescatar a la humanidad, como lo hizo Prometeo cuando bajó el fuego del cielo y fue castigado por su hurto. Pero no es así. Hablamos de la clarividencia perfecta, la visión perfecta del Hijo, la vista clara de Jesús cuando caminó entre los hombres y contempló el rostro del Padre, porque el Padre estaba y está allí. Pues dijo que el Padre ama al Hijo, y por supuesto este amor no es el que siente Dios por un mero hombre justo, sino la unidad eterna del amor entre los Tres santos. Esto es lo que quiere decir la Biblia al decirnos: "Y nosotros hemos conocido y creído el amor que Dios tiene para con nosotros. Dios es amor; y el que permanece en amor, permanece en Dios, y Dios en él" (1 Jn. 4:16).

"Porque como el Padre levanta a los muertos, y les da vida, así también el Hijo a los que quiere da vida" (Jn. 5:21). Si esto significa algo, es que la obra del Hijo en la regeneración es tan radical y milagrosa como la obra del Padre cuando levanta a los muertos. Significa que igual que el Padre resucita a los muertos dándoles vida, el Hijo resucita a quien quiere. Está en el tiempo presente, y no habla de la resurrección; habla del momento presente: "Viene la hora, y ahora es, cuando los muertos oirán la voz del Hijo de Dios; y los que la oyeren vivirán" (Jn. 5:25).

Por consiguiente, no habla de las resurrecciones futuras, sino del tiempo presente, y dice que como el Padre tiene la capacidad de resucitar a los muertos y darles vida, ha dado al Hijo el poder de resucitarlos y darles vida. Solo el Padre levanta a los muertos en la resurrección futura; el Hijo los resucita ahora. La obra de Cristo al hacer cristiano a alguien es tan radical como levantar a Lázaro de entre los muertos. Cuando Lázaro salió de la tumba vivo, habiendo estado muerto, se convirtió en el símbolo de todo cristiano que ha revivido cuando antes estaba muerto, un hombre limpio donde antes había uno sucio.

Existe una armonía dentro de la Trinidad, una relación inmutable entre el Padre y el Hijo, debido a la perfección que recibe el Hijo, y ve al Padre obrando tal como lo ha hecho desde la eternidad. Y dado que el Padre ama al Hijo, y que el Padre ha puesto en manos del Hijo la potestad de levantar a los muertos como Él lo hace, todos los hombres deben honrar al Hijo igual que honran al Padre. Y él dijo que, si no honramos al Hijo, no honramos tampoco al Padre. Esta es la enseñanza clara de las Escrituras.

Sé que hay quienes no honran al Hijo. Solo lo honran como un buen maestro, quizá el mejor, pero solo un buen maestro y predicador de la Palabra. Pero las Escrituras dicen que todos los hombres deben honrar al Hijo como honran al Padre. De modo que no tienes que dudar en atribuir la misma adoración y gloria al Hijo que atribuyes al Padre. No debes temer, porque el Padre vive para la gloria del Hijo, y el Hijo para la gloria del Padre, y el Espíritu de Dios vive para la gloria del Padre y del Hijo. De modo que honramos al Hijo de Dios. No dudamos en absoluto en orar al Hijo como también oramos al Padre y, aunque no suele hacerse, tampoco vacilamos en dirigirnos al Espíritu Santo.

El único al que oramos

A estas alturas, alguno puede preguntar si se puede orar al Espíritu Santo. ¿Es correcto hacerlo? ¿Alguna vez debemos orar al Espíritu? Mi respuesta es que normalmente oramos al Padre en el nombre del Hijo y en el Espíritu, pero Jesucristo no dudaba en recibir oraciones y concederlas mientras anduvo entre los hombres. De modo que es evidente que no existe una fórmula única. Si hubiera existido una fórmula indestructible que dijera que la única manera de orar sería dirigirse al Padre en el nombre del Hijo, ¿por qué Jesús la incumplió permitiendo que dirigieran una oración a Él?

Por lo tanto, es evidente que las personas de la Trinidad son iguales a Dios y están igualmente presentes ante nuestras mentes cuando oramos. Cuando cantamos la letra del himno "Guía fiel" ("Santo Espíritu, guía fiel, siempre junto al cristiano estás", de Marcus M. Wells), oramos al Espíritu. Cuando oramos "Santo Espíritu, con luz divina brilla sobre mi corazón; espanta las tinieblas de la noche y convierte la oscuridad en día" (Andrew Reed), oramos al Espíritu.

En la Biblia encontrarás casos en los que personas oraron al Espíritu Santo. Normalmente, las oraciones se dirigen a las personas de la Trinidad, al Padre en el nombre del Hijo, pero, sin perjuicio y sin incumplir las Escrituras, por medio del Hijo cuando queremos orar a él. Si cantamos u oramos al Espíritu Santo, también nos dirigimos a Él.

A Dios nunca le interesan las fórmulas; a las personas religiosas, sí. Viven y mueren por una fórmula. Dicen uno, dos, tres, cuatro, y si tú dices uno, dos, cuatro, tres, te saltarán encima y, movidos por una gran ira, demostrarán que aman la verdad con esa rabia que sienten. Y les encanta el orden hermoso de la verdad, y si dijiste cuatro antes que tres, te odiarán por cometer una herejía. ¡Aman tanto la verdad!

Recuerda siempre que Dios es una persona con la que resulta fácil tratar, y si tu corazón está en el buen camino, no le preocupan demasiado las fórmulas. Dios es amable, bueno y lleno de gracia, porque hay algunos de nosotros con los que cuesta realmente llevarse bien. Si Dios fuera tan intratable como nosotros, habría una discusión perpetua entre nuestras almas y Él. Dios debe ser alguien con quien es fácil convivir, y si sabe que tu intención es la correcta, te dejará cometer todo tipo de errores sin reprochártelos.

Pero en cuanto interviene el ego y tienes mala intención, incluso lo más santo que hagas será impío. En cuanto maldices tu conducta por medio del ego o el pecado, todo lo que hagas estará mal. Pero mientras ames a Dios y a las personas, Él te permite andar a los tropezones de un lado para otro sin inquietarse, contemplándote como una zorra que tiene cachorros, tumbada al sol con la cabeza apoyada en las patas, sonriendo mientras observa a sus pequeñines. Dios sabe que incluso los cristianos más maduros necesitan que los mimen de vez en cuando, de modo que pasa por alto nuestra ignorancia, pero nunca nuestros pecados.

La faceta amenazante de nuestra vida es el pecado, y Dios se apresura a entrar en escena y solucionarlo. Pero nunca nos acusa porque hayamos incumplido alguna fórmula. Por lo tanto, me da igual lo que diga todo el mundo; si quiero orar al Espíritu, oraré al Espíritu. Normalmente no lo hacemos, pero si queremos, hagámoslo sonriendo y digamos: "Si estoy cometiendo un error, Dios lo entenderá". Sabe que nos referimos a toda la Trinidad. Cuando digo "Padre nuestro que estás en el cielo, santificado sea tu nombre" (Mt. 6:9), me refiero a las tres Personas.

¿Qué importancia tienen nuestras fórmulas a la luz del pecado, la muerte y el juicio? ¿Qué importancia tiene que escuchemos estas palabras sencillas? ¿Te has dado cuenta de que cuando nuestro Señor Jesús habla al creyente e intenta enseñar e instruir su corazón, a veces se vuelve tan profundo que tienes que mantener la barbilla en alto para no ahogarte con su gloria? Pero cuando nos dice cómo salvarnos, hace que todo sea sencillo, muy sencillo. "De cierto, de cierto os digo: El que oye mi palabra, y cree al que me envió, tiene vida eterna; y no vendrá a condenación, mas ha pasado de muerte a vida" (Jn. 5:24).

Estas palabras son tan sencillas que nadie se lo puede creer. Es como si alguien encontrase un elixir de vida o una cura universal para todas las enfermedades; al principio, nadie lo creería, y todos afirmarían que no puede ser. Jesucristo nuestro Señor ha establecido una panacea universal. Nos ha dado el elixir verdadero. Nos ha dicho dónde está la fuente de la eterna juventud, afirmando que consiste simplemente en escuchar las palabras de Jesús y, por medio de ellas, creer en el Padre que lo envió. Y si lo hacemos, tenemos vida eterna y no padeceremos condenación, sino que hemos pasado de muerte a vida.

Disciplina, no condenación

¿Qué le sucede al cristiano que fracasa, que peca? La respuesta es la diferencia entre recibir disciplina o condenación. El creyente que le falla a su Dios y peca recibe disciplina, pero no condenación. El pecador ya está condenado.

Déjame que te ilustre lo que quiero decir. Había dos hombres, Simón Pedro y Judas Iscariote. Pedro escuchó a Jesucristo y creyó al Padre, pasando de muerte a vida y librándose de la condenación. En un momento de desespero, cometió un error y le falló a Dios. Judas Iscariote también cometió un error y le falló a Dios.

Cristo miró a Pedro, lo sometió a disciplina y Pedro lloró mucho, como dice en el original, lloró copiosamente lágrimas y ríos de lágrimas (Lc. 22:61-62). Al arrepentirse, fue restaurado al favor y a la bendición divinos (Jn. 21:15-19). Aunque fue disciplinado, no fue condenado.

Judas Iscariote fue otra historia. Salió, y las Escrituras nos dicen que el hijo de perdición fue a su propio lugar (Hch. 1:25). Judas Iscariote nunca creyó en el Padre o el Hijo, ni fue regenerado, y recibió condenación. Pedro, quien creyó pero fracasó, recibió disciplina y perdón.

Ahí está la diferencia. Vienes a Jesucristo como estés, cansado, magullado y triste. Ven a Jesucristo como eres, pecador, cansado y sin confianza en ti mismo, sabiendo que no puedes vivir así, y aun sabiendo eso, vienes a Él. Escucha las palabras de Jesús y cree en el Padre y en el Hijo. Confía en las palabras de Jesús, es decir, créele, y Dios te dará vida eterna y te promete que nunca pasarás por el juicio ni la condenación.

Dios me ha dado un pasaje de las Escrituras que reclamo y al que me aferro aunque no lo entiendo del todo. "Porque esto me será como en los días de Noé, cuando juré que nunca más las aguas de Noé pasarían sobre la tierra; así he jurado que no me enojaré contra ti, ni te reñiré. Porque los montes se moverán, y los collados temblarán, pero no se apartará de ti mi misericordia, ni el pacto de mi paz se quebrantará, dijo Jehová, el que tiene misericordia de ti" (Is. 54:9-10).

Le digo esto a Dios y pongo mi nombre ahí, de modo que Él esté seguro de que sé de quién habla: "No me enojaré ni reñiré con Aiden Wilson Tozer". Me disciplinará, eso sí. Espero disciplina, pero no espero ver una sola vez más un rostro enojado del Dios todopoderoso en el cielo. Esto no es porque yo sea bueno, sino porque Él ha enviado un Redentor. "Con un poco de ira escondí mi rostro de ti por un momento; pero con misericordia eterna tendré compasión de ti, dijo Jehová tu Redentor" (Is. 54:8). Como el Señor es nuestro Redentor, ya no tenemos que preocuparnos después de haber confiado en Él, si en realidad confiamos y caminamos con Él.

10

El Cristo eterno es Juez y Salvador

Porque el Padre a nadie juzga, sino que todo el juicio
dio al Hijo... y también le dio autoridad de hacer
juicio, por cuanto es el Hijo del Hombre.

Juan 5:22, 27

Es solo debido a la encarnación que Dios, en su sabiduría y gracia, puede llevar a la humanidad al punto de rendir cuentas. Esto es algo de lo que podemos alegrarnos además de temerlo, y permite a Dios llevar a toda la humanidad ante su tribunal para juzgarla.

Da lo mismo adónde vayas en el mundo: encontrarás el concepto de juicio, aunque los detalles varíen. El concepto básico del juicio dice, sencillamente, que los seres humanos son responsables moralmente de sus actos. El fundamento de esta responsabilidad es el hecho de que nuestra vida nos ha sido dada por otro, no nace de nosotros. Dado que nuestra vida procede de otro, tenemos la responsabilidad moral ante aquel que nos la ha dado. El Padre, como nos enseñan las Escrituras, tiene vida en sí mismo; por consiguiente, nadie puede juzgarlo. Dios no es un ser que proceda de nadie; es el original. Además, las Escrituras dicen: "Porque como el Padre tiene vida en sí mismo, así también ha dado al Hijo el tener vida en sí mismo" (Jn. 5:26), de modo que nadie puede juzgar al Hijo. El Hijo es solo del Padre. De aquí surge el concepto del juicio universal. Si bien tenemos libertad para tomar decisiones morales, a pesar de ello es necesario que respondamos por esas decisiones ante una autoridad.

He usado una palabra y una frase que parecen contradecirse mutuamente: "libertad" y "es necesario". Pero esto no es incoherente. Los hombres tienen libertad para tomar sus propias decisiones morales, pero también tienen la obligación de rendir cuentas a Dios por ellas. Eso hace que sean tanto libres como responsables, porque tendrán que acudir al juicio y dar cuenta de las cosas que hicieron en el cuerpo.

En un famoso ensayo, Ralph Waldo Emerson desarrolla la idea de que no existe un juicio futuro. Todo se juzga y condena o recompensa ahora. Para ilustrar esto, dijo: "El ladrón solo se roba a sí mismo". Por supuesto, esta no es una creencia universal, ni tampoco la del Antiguo Testamento, ni la enseñanza del Nuevo ni de la Iglesia. Fue producto de la mente de un gran hombre que vivió en Concord, Massachusetts.

Conceptos erróneos del juicio

Como podríamos esperar, existen muchos conceptos erróneos e inadecuados del juicio. Cada vez que se reúnen dos o tres personas encontrarás al menos dos o tres conceptos distintos del juicio. Es como dice el pasaje del Antiguo Testamento: "...cada uno hacía lo que bien le parecía" (Jue. 17:6). Vamos a ver unos pocos conceptos del juicio que son populares pero están equivocados.

El primer concepto es *el funcionamiento de la ley de la compensación*. Saco algo de mi bolsillo izquierdo y lo meto en el derecho. Todo lo que hagas en una dirección tiene que equilibrarse por algo que hagas en la dirección contraria.

Otro concepto inadecuado del juicio es que *solo hemos de rendir cuentas a la sociedad*. Sin duda que esto contiene una gran verdad, pero solo parcial. Cuando hacemos algo contra la sociedad, hemos de responder ante ella. Pero también somos responsables ante Dios y hemos de rendirle cuentas por nuestros actos. Buena parte de esto tiene que ver con la opinión pública. La opinión pública es lo que te juzga y lo que ciertamente ya ha juzgado las cosas que haces. Hace algunos años obtuve una prueba de lo que digo.

Cierta vez, iba caminando por la calle cuando un niño pequeño me echó una larga mirada mientras pasaba por delante de él. Normalmente me muestro agradable con los niños, pero aquel día andaba preocupado, y cuando estuve a una distancia desde la que podía oírle, levantó la vista y me dijo: "Hola, Cara de vinagre". Se había dado cuenta. Aquel día estaba turbado, y era responsable ante la sociedad humana por la expresión que mostraba en mi rostro. No es que estuviera enfadado con nadie, pero es evidente que el niño pensó que no tenía la cara de felicidad que debería haber tenido. Pensó que podría pincharme un poco, cosa que hizo. De modo que somos responsables ante la sociedad por lo que hacemos.

Hay muchas maneras en las que somos responsables ante la opinión pública. El mero hecho de conducir por la autopista hace que la gente llegue a la conclusión de si eres buen conductor y buena persona o un loco del volante; es una cosa u otra. Tus vecinos decidirán si eres buen o mal vecino dependiendo de la opinión pública.

Otro concepto erróneo del juicio es que *somos responsables ante las leyes humanas*. Desde las tribus más primitivas de Nueva Guinea hasta la cultura más civilizada de Londres, Nueva York o París, todos los países crean sus leyes. Esas naciones esperan que sus ciudadanos respeten esas leyes y se sometan a ellas, o bien se atengan a las consecuencias.

Alguien puede señalar a un transgresor. Aquí hay una persona que incumple la ley para obtener dinero. Puede que robe un banco para tener dinero para pagar sus impuestos o cualquier otra cosa. Pero para cumplir una ley está incumpliendo otra al robar el dinero necesario. De modo que este transgresor lo es solamente en cierto sentido; cumple la mayoría de las leyes, pero incumple una para obtener un beneficio personal o para su propia conveniencia.

Quien incumple la ley nunca es feliz, porque es responsable ante la ley incluso mientras la incumple, y es desgraciado incluso cuando alardea de cumplirla.

Hay otro concepto inadecuado del juicio, que dice que *un hombre solo debe rendir cuentas ante sí mismo*. Según este concepto, cada persona se presenta ante el tribunal de su propia razón y su propia conciencia, que serán juez y jurado.

El fundamento de esto es la idea de la relatividad moral, y se enseña en muchas universidades hoy día. Dicho de forma sencilla, sostiene que cada hombre es una ley ante sí mismo. En realidad no hay nada bueno o malo. Lo bueno es lo que produce la aprobación social, y lo malo lo que hace que otros nos desaprueben. Algo puede ser bueno hoy y malo mañana.

Este es seguramente el peor concepto del juicio en toda sociedad. Porque, si es cierto, habría tantos códigos morales como personas hay, y cada ser humano sería su propio testigo, fiscal, juez, jurado y carcelero. Esto es tan absurdo que no merece la pena ni que pensemos en ello.

Nunca subestimo la capacidad humana de confundir las cosas. Todo aquel que sea elocuente puede convencer a la gente de creer en cualquier cosa. Por supuesto, esta es la esencia de todas las sectas que han surgido con el transcurso del tiempo.

Déjame que te haga una pregunta: ¿cómo puede un hombre dar cuentas a sí mismo? Si esto es posible, ¿cómo se hace?

Alguien dirá: "Es responsable ante su conciencia". Entiendo este argumento. Pero entonces pregunto: ¿ante quién da cuentas su conciencia? ¿Cómo es posible que yo sea mi propio fiscal, mi testigo de la fiscalía, mi propio juez, mi carcelero y mi verdugo? Sé que suena muy culto, místico, poético y soñador, pero cuando te lo planteas es simplemente ridículo. Es un concepto totalmente inadecuado del juicio, porque nunca he conocido a nadie que sea tan duro consigo mismo: que haga de juez y jurado de su vida y se castigue por ella. La mayoría de personas son muy blandas consigo mismas.

Sé que si yo fuese mi propio juez, jurado, fiscal y verdugo, seguramente perdería el hacha. Está claro que no me cortaría la cabeza. No tendría valor para hacerlo.

Responsables ante Dios

Si entendemos a Dios tal como se revela en las Escrituras, es bastante evidente que no hará que en última instancia los hombres sean responsables ante ellos mismos. Y llevando esto un paso más lejos, tampoco hará que tú y yo seamos responsables ante la ley de la sociedad humana. En realidad, y en última instancia, debemos dar cuentas a Aquel que nos dio la vida. Somos responsables solo ante Dios. Creo que la ausencia de esto es lo que hace cristianos blandos, débiles, e iglesias que carecen de propósito.

La sencilla verdad es que la sociedad no puede alcanzarnos en esa esfera de nuestro ser en la que somos vitalmente responsables ante Dios y ante nosotros mismos.

Siendo como soy un ser humano y estadounidense, soy responsable ante la opinión pública, como lo soy ante las leyes de este país. Pero también soy responsable ante mí mismo y ante mi Dios; y la sociedad humana no puede interferir ahí. Las leyes nacionales y la opinión pública solo llegan hasta cierto punto. Contienen verdad, pero no toda la verdad. Hay algo que está más allá de todo esto.

Tomemos por ejemplo el caso de un suicida. Digamos que se pone una pistola en la sien y se dispara en la cabeza. En ese punto no es responsable ante la opinión pública ni ante las leyes nacionales. Está más allá de ellas, y es responsable ante una autoridad superior, porque una vez que muere, la sociedad ya no puede castigarlo.

Hay muchas cosas con las que no pueden interferir la sociedad y las leyes nacionales. Jesús lo entendió cuando dijo: "Oísteis que fue dicho: No cometerás adulterio. Pero yo os digo que cualquiera que mira a una mujer para codiciarla, ya adulteró con ella en su corazón" (Mt. 5:27-28). La ley judía podía decir algo sobre el adulterio, pero en lo que respecta a la lascivia del corazón, la ley era inútil.

Este tipo de absurdo ha invadido incluso nuestras iglesias. Siempre que una iglesia abandona la verdad y se aleja de la clara Palabra de Dios, esa iglesia empieza a crear sus propias leyes. Escuché hablar de una iglesia que en otro tiempo era sólida, de las que predicaban la Biblia, y que anunció que un determinado domingo por la mañana el tema del sermón del buen reverendo sería las úlceras pépticas. Ahora bien, qué tiene esto que ver con la Biblia y con Dios es algo que escapa a mi entendimiento. Seguramente si asistiera bastante tiempo a esa congregación, acabaría teniendo una úlcera péptica.

Es increíble hasta qué profundidades caemos y lo estúpidos que nos volvemos cuando nos consideramos nuestra propia ley.

Hace algunos años, en la ciudad de Detroit, el cartel situado ante una iglesia anunciaba que el siguiente domingo, a las 10:45 de la mañana, el reverendo doctor predicaría sobre el tema "Quién mató a Cock Robin". No sé quién puede imaginar cómo habría averiguado el buen reverendo quién era el culpable.

Un antiguo proverbio anónimo dice: "Si los dioses desean destruir a alguien, primero lo vuelven loco". El juicio de Dios empezará a caer sobre la Iglesia. Cuando dejan de creer en el juicio de Dios, ya no podemos saber qué es lo próximo que creerán o adónde irán a parar. Lo que en otro tiempo hizo grande a Estados Unidos fue la creencia en la responsabilidad del ser humano ante su Creador.

Uno de los grandes líderes estadounidenses fue Daniel Webster. Su protuberante entrecejo y sus ojos relampagueantes solían cautivar al Senado mientras, en pie ante ellos, les hablaba sin recurrir a frases ingeniosas o comentarios graciosos. En aquella época, el Senado no estaba formado por aspirantes a cómicos, sino por estadistas firmes y nobles que llevaban sobre sus hombros el peso de la nación.

Alguien preguntó: "Sr. Webster, ¿cuál cree que es el pensamiento más serio que le ha pasado por la mente?". Y él dijo: "El pensamiento más solemne que ha pasado por mi mente es mi responsabilidad ante mi Creador". Los hombres que hablan así no se pueden corromper ni se les puede comprar. Además, no se avergonzarían de que alguien les leyese sus conversaciones telefónicas. No les preocupaba lo que pensara la gente, sino más bien que eran responsables ante Dios.

Nuestro Juez justo

Para que alguien juzgue a la humanidad debe cumplir ciertos criterios. No todo el mundo puede hacerlo. Además de esto, debe tener autoridad para ejecutar el juicio que sea necesario. Otro criterio sería que los que están siendo juzgados deben ser responsables ante el juez. Es necesario establecer cierto tipo de relación.

En el mundo, un grupo de hombres puede crear una ley, como pasó en nuestro país hace 200 años. Hoy día a la gente se la juzga basándose en las leyes creadas entonces, pero sin conocer en realidad a aquellos legisladores. Así no funcionan las cosas en el reino de Dios. Para ser un juez, según las Escrituras, el juez determina quiénes deben rendirle cuentas a Él. No son responsables solamente por la ley impuesta por otro, sino moral y vitalmente responsables, no solo legalmente. Para ser un juez justo de la humanidad, el juez debe reunir una serie de cualidades o atributos.

Omnisciente

El juez ante quien comparecemos tiene todo el conocimiento. Lo sabe todo, sin excepción. Para que este juez juzgue correctamente, no debe haber margen de error. En nuestro sistema judicial, muchos jueces han cometido errores porque no contaban con todos los datos. La justicia humana hace lo que puede, pero como no tiene toda la sabiduría, comete errores. Hoy día en la cárcel hay quienes cumplen cadenas perpetuas y están encerrados debido a una equivocación.

Sin embargo, cuando hablamos del Dios todopoderoso, nunca juzgará a nadie disponiendo de una información parcial. Dios no comete errores; tampoco permite que se produzcan errores ni haya falta de información. El juez que nos juzga debe ser aquel que tiene toda la sabiduría; por consiguiente, debemos eliminar al apóstol Pablo, al legislador Moisés e incluso a Elías. Estos fueron grandes hombres, pero solo eran hombres, y poseían un conocimiento y una sabiduría limitados. El Dios que nos juzga es el juez que tiene sabiduría infinita y todo conocimiento.

A la hora de juzgar un alma que vivirá por toda la eternidad, no hay cabida para los errores. El juez de la humanidad debe ser alguien que nunca necesite el testimonio de una tercera parte. Hoy día intervienen testigos, y el juez se sienta solemnemente y escucha su testimonio. El testigo dice: "Lo vi hacer esto, lo escuché hacer lo otro", y si miente, el juez se equivoca. Pero el juez de la humanidad no depende del testimonio de otros.

Cristo dice: "No puedo yo hacer nada por mí mismo; según oigo, así juzgo; y mi juicio es justo, porque no busco mi voluntad, sino la voluntad del que me envió, la del Padre" (Jn. 5:30).

El criterio básico para juzgar a toda la humanidad es el conocimiento perfecto y absoluto.

Imparcial

Hay otro criterio relacionado con esto. El juez debe ser totalmente imparcial y no tendencioso, y no debe sentir ningún tipo de interés personal por el caso.

Muchos jueces han emitido sentencias severas porque se acercaba el momento de las elecciones o porque les pesaba la opinión pública. Los periódicos los presionaban y, para salvar sus carreras políticas, emitieron una sentencia severa o no emitieron ninguna. Sus motivos eran interesados y falsos. El Hijo de Dios dice que su juicio es justo porque no busca su propia voluntad, sino la del Padre. Cristo puede ser el juez porque mantiene una relación personal pero es desinteresado, y no gana ni pierde nada en función de su juicio. Toda la gloria pertenece a Dios.

Empático

Otro criterio importante para calificar al juez es la comprensión empática. Personalmente no quiero que me juzgue un arcángel que nunca ha derramado una lágrima. Tampoco quiero que me juzgue un serafín que nunca ha sentido dolor. No quiero que me juzgue un querubín que nunca supo lo que era el dolor, la decepción o la tristeza de los hombres.

Para que el juez sea el juez de toda la humanidad, debe ser uno de ellos. Jesús dijo que el Padre dio al Hijo el poder de juzgar porque es el Hijo del Hombre. Dado que es el Hijo del Hombre, no solo puede abogar por los seres humanos en lo alto, como Salvador junto al trono del amor, sino que también puede ser su juez sentado en el trono.

Entender esto destruye todas las acusaciones falsas. Entonces no habrá excusas, gimoteos, quejas, llantos ni comentarios como: "¡Pero, Señor, es que no lo entendiste!". Sí que lo entiende, porque se hizo uno de nosotros y caminó entre nosotros. No ha habido una lágrima que no haya derramado; ni una amarga decepción que no haya sentido; ni una pena que no haya padecido, ni una tentación que no se le haya planteado; ni una situación crítica en la que no haya estado.

Esto nos lleva al juez supremo de toda la humanidad, el único que reúne todos los requisitos, como ningún otro. Este es Jesucristo. Como es el Hijo del Hombre, tiene autoridad para juzgar. Cristo reúne todos los requisitos para ser el juez de la humanidad. Las lágrimas que derramó, los dolores que padeció y la tristeza que soportó lo convierten en un juez de la humanidad que no solo es justo sino también empático. Ahora su presencia en la raza humana es nuestro juicio presente sobre el pecado.

"Dijo Jesús: Para juicio he venido yo a este mundo; para que los que no ven, vean, y los que ven, sean cegados" (Jn. 9:39).

Salvador y Juez

Esta representa una doctrina bíblica que se ha malentendido mucho. Existen muchas doctrinas, algunas importantes, que los maestros bíblicos ignoran hoy. Esta sería una de esas doctrinas: Jesucristo es el juez de la humanidad, pero el Padre no juzga a nadie. "Cuando el Hijo del Hombre venga en su gloria, y todos los santos ángeles con él, se sentará en su trono de gloria, y serán reunidas delante de él todas las naciones; y apartará los unos de los otros, como aparta el pastor las ovejas de los cabritos" (Mt. 25:31-32).

Él es el Juez, y cuando aparezca el juez de la humanidad, tendrá los hombros y el rostro de un hombre, el hombre Cristo Jesús. Dios le ha dado autoridad para juzgar a la humanidad, de modo que es tanto el juez como el Salvador de los hombres. Esto hace que yo lo ame y le tema; lo ame porque es mi Salvador, y le tema porque es mi Juez.

Lamentablemente, el Jesús diluido que muchos predican hoy día no es el Jesús que vendrá a juzgar al mundo. Es un Cristo de plástico pintado, que no tiene firmeza ni justicia, sino que es blando y moldeable por todo el mundo; si es el único Cristo, más vale que cerremos nuestros libros, echemos el candado a nuestras puertas y convirtamos los edificios de nuestras iglesias en panaderías o garajes.

El Cristo popular que se predica hoy no es el Cristo de Dios ni el de la Biblia, ni el Cristo con el que nos veremos las caras al final. Porque el Cristo con el que trataremos tiene ojos como llama de fuego. Y sus pies son como bronce bruñido; y de su boca sale una espada de dos filos (Ap. 1:14-16). Él será el Juez de la humanidad. Puedes dejar en sus manos a tus seres queridos, sabiendo que él mismo padeció, sabiendo que lo sabe todo, que no puede cometer errores, que la justicia no se pervertirá, porque sabe todo lo que se puede saber.

Se dijo una vez, como un comentario marginal, que Jesús no necesita que nadie testifique del hombre, porque sabe lo que hay en el hombre. "No os maravilléis de esto; porque vendrá hora cuando todos los que están en los sepulcros oirán su voz; y los que hicieron lo bueno, saldrán a resurrección de vida; mas los que hicieron lo malo, a resurrección de condenación" (Jn. 5:28-29).

Esta salida del sepulcro será una invitación del propio Hijo de Dios. Como un oficial militar, dará una orden y todos se pondrán de pie, un gran ejército listo para recibir sentencia, y el juicio se basará, curiosamente, en el tipo de vida que llevaron en este mundo. Esta es otra doctrina olvidada, pero está aquí. Los que hayan hecho el bien, a resurrección de vida; los que hayan hecho el mal, a resurrección de condenación. Y este es el Juez de todos.

Jesucristo nuestro Señor, el Juez de ojos fulgurantes, es aquel ante quien debemos rendir cuentas. No podemos esquivarlo. Lo pueden ignorar y alejar en medio de una nube de humo, pero al final todo el mundo debe volver y tratar con Él. Debes estar seguro de algo: o es Salvador ahora o será el Juez entonces. Y la ternura y la simpatía del Salvador serán puestas a un lado, mientras salen a primer plano la justicia y la severidad del Juez. Sin cancelar ninguna, ejercerá las dos. De modo que Jesucristo es tanto el Señor como el Juez de los hombres, además de su Salvador.

Isaac Watts, en su himno "Ni toda la sangre del sacrificio", ilustra esta verdad:

Ni toda la sangre del sacrificio
vertida en altares judíos
puede dar paz a la mala conciencia
ni lavar su mancha.

Pero Cristo, el celestial Cordero,
borra todo nuestro pecado;
sacrificio de nombre más alto
y sangre más preciosa que la suya.

Mi fe quiere poner su mano
sobre tu amada cabeza,
mientras, penitente, ante ti
confieso mis pecados.

Mi alma recuerda
las cargas que llevaste
colgado en el madero maldito,
y sabe que mi culpa estaba allí.

Creyendo, nos alegramos
viendo la culpa borrada;
alabamos al Cordero con alegría,
y cantamos de su amor que dio su sangre.

En el Antiguo Testamento, el pecador acudía al sacerdote y decía: "He pecado y traigo un cordero", o alguna otra ofrenda. Tomaban aquel animal y el pecador ponía la mano sobre su cabeza; lo mataban y rociaban su sangre, y el pecado que hubiera cometido le era perdonado.

Aquellos de ustedes que no quieran a Jesús como juez, más vale que ahora se lo tomen en serio como Salvador, y estén en pie o arrodillados como penitentes, confesando su pecado. "Mi alma recuerda las cargas que llevaste colgado en el madero maldito, y sabe que mi culpa estaba allí". ¿Crees que tu culpa estaba clavada en el madero maldito? El que no conoció pecado se hizo pecado por nosotros, para que fuésemos hechos justicia de Dios en él (2 Co. 5:21); y el himno de Watts añade: "Creyendo, nos alegramos viendo la culpa borrada" (Gá. 3:13-14).

He visto cómo alteraban y retorcían este himno; algún editor cultivado y sofisticado, a quien no le gustaba la palabra "maldición", la borró. Lo arregló, pero yo no lo cantaré. Yo canto esto: "Creyendo, nos alegra ver la maldición borrada". ¿Qué maldición? La de la ley incumplida. La maldición del pecado. "Alabamos al Cordero con alegría, y cantamos su sangrante amor". ¡Qué maravilloso es todo esto! ¡Qué cántico maravilloso de triunfo! ¡Qué himno pleno de teología, sentido y evangelio! Lo que la sangre de los carneros no pudo hacer, lo ha hecho y lo hace la sangre de Cristo.

¿Qué será para ti, Salvador o Juez? Será una cosa u otra. Si es lo primero, no será lo segundo. Pero si no es Salvador, será Juez. Por mi parte, no puedo permitirme conocerlo como Juez. Debo contar con su sangre protectora y conocerlo ahora como mi Salvador. Sabe demasiado de mí como para que yo entre osadamente en su presencia y permita que me juzgue.

Las Escrituras nos hablan de algunos que han enviado sus pecados antes del juicio. Tú puedes enviar tus pecados antes del juicio, hacer que los juzguen, solventen y eliminen ahora, mientras estás en el mundo. El Salvador se ocupará de tus pecados. Como dijo un hermano anciano: "Si Jesucristo había cubierto nuestros pecados con su vida cuando se la arrebataron, aunque habían sido expuestos, Él los cubrió con su muerte. Y con su muerte para siempre, puso mis pecados donde nadie los puede encontrar, por medio de la sangre del pacto eterno".

Echa la vista atrás y mira las cargas que llevó Jesús, pon tu mano por fe sobre su santa cabeza y confiesa tus pecados, y la maldición se apartará de ti y podrás decir, creyendo, que te alegras de verte libre de ella. "Alabamos al Cordero con alegría y cantamos de su amor que dio su sangre".

11

LA MARAVILLA Y EL MISTERIO DEL CRISTO ETERNO QUE SE IDENTIFICA CON EL HOMBRE

*Y le seguía gran multitud, porque veían las
señales que hacía en los enfermos.*

Juan 6:2

Siempre que vemos a Jesús en los Evangelios, normalmente está rodeado de personas. Hubo una excepción, cuando se retiró y se fue con sus discípulos a un monte. Esto era típico de Aquel que vino a caminar entre los hombres para ser el Salvador de la humanidad.

En la Biblia hay muchas cosas que damos por sentadas y no dedicamos tiempo a inquirir sobre ellas. Además, no conseguimos la ayuda que obtendríamos si hiciéramos la pregunta: "¿Por qué estaba siempre con otras personas?". La pregunta se vuelve más acuciante cuando nos damos cuenta de que no es lógico que pasara todo su tiempo con otros.

Fíjate quién era Él, quiénes eran ellos, y verás que la lógica y el sentido común, la expectativa basada en la razón, estarían en el lado opuesto. Y es que hablamos de ese Jesús a quien Juan tan detalladamente describió en el primer capítulo de su Evangelio como "el Verbo hecho carne". Antes del principio y en el principio era Dios, y sigue siéndolo; y desde la eternidad había contemplado a Dios y Él mismo había recibido la alabanza de los poderes celestiales.

No pretendo saber mucho sobre esas potestades celestiales. Hoy día creo más en la existencia de otros seres aparte de nosotros que hace 20 años; en criaturas que son superiores a nosotros en rango y estatus. Creo que es pertinente que pensemos así, porque si es cierto, y creo que lo es, el mundo es un reflejo del cielo. Henry Drummond, en su gran obra *La ley natural y el mundo espiritual*, dijo que el mundo espiritual era el mundo natural extendido infinitamente hacia lo alto.

Personalmente, no creo que acertase del todo con esta afirmación. Creo que sí acierta, pero que la entendió al revés. Creo que el mundo natural es el mundo espiritual proyectado hacia abajo. La tierra es la sombra del cielo, y si supiéramos más sobre el mundo, sabríamos más sobre el cielo. Fue el mismo Dios quien hizo ambos, y aunque el pecado ha entrado en la tierra, la ha perjudicado y contaminado en todas sus facetas, aún permanecen algunas similitudes. Las mismas reglas que gobiernan en lo alto lo hacen abajo, en la naturaleza, y en todas partes excepto en el corazón rebelde del ser humano. De modo que Dios creó a las criaturas de este mundo en diversos órdenes. Leemos en la Biblia cómo lo hizo, y el estudioso más informal de la naturaleza se dará cuenta de que las criaturas de la tierra siguen una jerarquía hacia arriba. Empecemos con la lombriz de tierra que se mueve bajo ella, ayudando al granjero, sin que él lo sepa, al ablandar el terreno y el limo. Por encima de la lombriz vuelan las aves, y por debajo de ellas los grandes animales, y por último el hombre.

Si un orden sigue a otro en la escala de la luz aquí abajo, en este patio trasero de Dios, ¿por qué hemos de dudar que en su patio delantero, en sus cielos, no sucede lo mismo? ¿Por qué dudar que en el cielo hay gradaciones de criaturas, si hay vigilantes y santos, si hay principados y potestades y dominios? Hay ángeles y arcángeles, serafines, querubines, extrañas criaturas y seres vivientes; ¿por qué dudarlo? ¿Por qué no aceptar, no solo como cuestión de fe sino como de sentido común, que el mismo Dios que hizo los cielos en lo alto hizo la tierra aquí abajo?

Me deleita el hecho de que Dios sea un artista, y la marca personal y los dedos de Dios están en todo lo que hace. Ningún artista puede escapar de sí mismo. Tiene su propio estilo, y aunque diga: "Esta vez lo haré de otra forma, voy a renovarme del todo", el conocedor de su estilo lo reconocerá en cuanto lo vea. No puedes eludir tu propia personalidad. No puedes escapar de tus genes; y cuando Dios hizo los cielos, también hizo la tierra, y la misma marca de Dios está en el mundo, como lo está en los cielos. El Dios que hizo el mundo de arriba hizo el de abajo; y aunque el pecado haya entrado en el hombre y este haya caído, y la tierra se haya cubierto con su sombra, sigue habiendo similitudes; en este mundo maravilloso siguen quedando algunas huellas dactilares de Dios.

El gran estado de Pennsylvania, donde nací, es el más hermoso de Estados Unidos, la parte más hermosa del mundo. Valles, colinas ondulantes y ríos, y por la mañana una niebla como un gran cordón serpenteante que pende sobre el río, y que desaparece más tarde en el cielo cuando se levanta el sol. Toda esa belleza, y Dios ha dejado su huella en ella. Las únicas señales desagradables son las que ha dejado el ser humano, porque este ha usado sus grandes excavadoras y se ha comido media colina convirtiéndola en una mina.

Esas grandes excavadoras han ido arrasando las capas superiores del terreno hasta encontrar carbón. Para obtener un poco de carbón barato han destruido y aplastado el rostro encantador de la naturaleza. Hará falta una generación para devolver la belleza a las colinas de Pennsylvania. Algunas de esas colinas presentan cicatrices en los puntos a los que han acudido hombres codiciosos y han desfigurado el rostro del mundo encantador de Dios con el propósito de ganar unos cuántos dólares más.

Dios lo ha creado todo, y por tanto todo es hermoso en su tiempo; y el Dios que hizo la tierra también hizo los cielos. De modo que digo de nuevo que creo que existen órdenes celestiales en lo alto, y que Dios hizo esos cielos. Los hizo de una forma muy parecida a como hizo el mundo, pero puros en espíritu en lugar de materiales. Y cuando tú y yo lleguemos allí, nos sentiremos como en casa.

Nuestro Señor había estado allí desde tiempos inmemoriales. ¿Cuánto tiempo llevaba allí? Desde antes de que existieran los cielos. Porque estaba en el principio con Dios, y fue su voz la que hizo que de la nada surgiera toda esa hermosura. Antes de que hubiera colinas o valles, Él era. Y antes de que existieran arcángeles y serafines, Él estaba allí. Antes de que alzaran sus cetros los principados, las potestades, los tronos y los dominios, Él estaba allí. Es aquel que ahora está entre los humanos, y había recibido la adoración de aquellos poderes celestiales. Se arrodillaron ante Él y clamaron: "¡Santo, santo, santo es el Señor todopoderoso!", y acudieron en grandes multitudes, postrándose ante sus pies y tributando su homenaje al Hijo del Padre eterno. Escucharon la voz de Dios y contemplaron toda la belleza moral que hay en el cielo.

Creo que la voz de Dios debe ser maravillosamente musical. Esta voz de Dios había sonado en los oídos del Hijo de Dios desde antes del comienzo de todas las cosas, cuando aún no había creación. Había escuchado todo esto, lo había visto todo, se había llenado los ojos con toda esa belleza y escuchado el cántico de las criaturas que clamaban: "¡Santo, santo, santo es el Señor Dios de los ejércitos!". Y Él mismo era el inefablemente santo.

Si yo tuviera la voz de Demóstenes, o la capacidad descriptiva de Shakespeare, o el lenguaje terrible e incisivo del apóstol Pablo, no podría alcanzar a describir quién era y es Él. Sería un intento de describir su santidad impecable, su justicia sin mancha, su Persona totalmente inaccesible, maravillosa, gloriosa. Este fue aquel que caminaba entre los seres santos y pasaba del vigilante al santo y escuchaba a los vigías gritar: "¿Qué hay de la noche?".

¿Dónde está Dios?

Ahora lo encontramos caminando entre las personas. ¿Y quiénes son ellas?

Las Escrituras las describen en tiempos lejanos, cuando Dios vio que la maldad del ser humano era grande en la tierra y que todo lo que imaginaban y pensaban en su corazón era de continuo el mal. Esto es lo que dice Génesis 6:5, y si leyera el primer capítulo de Romanos, podría llevarlo un paso más lejos y señalarte lo que dice Dios sobre las personas. La Palabra de Dios no tiene nada bueno que decir sobre las personas. Incluso cuando admites a regañadientes que un hombre hace algo que no es malo, la Biblia dice: "Pues si vosotros, siendo malos, sabéis dar buenas dádivas a vuestros hijos, ¿cuánto más vuestro Padre que está en los cielos dará buenas cosas a los que le pidan?" (Mt. 7:11).

Dios nunca olvida que la imaginación y los pensamientos del corazón humano siempre son malos. No imaginemos que aquellos entre quien caminó Jesús eran las encantadoras criaturas que han plasmado los pintores en sus lienzos. No pensemos que todos los niños tenían rostros radiantes, que todas las mujeres eran hermosas y todos los hombres eran fuertes, nobles y atléticos. Veámoslos tal como fueron. Seamos realistas y recordemos que eran capaces de cometer cualquier pecado bajo el sol.

Recordemos que estaban llenos de todo tipo de iniquidad, que sus pecados y maldades eran grandes en el mundo y que toda imaginación y pensamiento de sus corazones era el mal. Y Aquel que nunca tuvo un mal pensamiento estaba entre quienes nunca tuvieron uno santo. Aquel que no había visto más que belleza moral estaba entre hombres que nunca vieron otra cosa que fealdad moral. Imagina cómo sería estar con quienes adoraban a Dios reverentes y luego estar con quienes se adoraban a sí mismos y los bienes de este mundo, y todos los falsos dioses que el mundo ha hecho suyos.

Esto contradecía toda lógica. ¿Por qué? El primer juicio es que Él no podía soportar a esas personas; el Santo no podía tolerar a esos impíos. Y la ofensa contra su santidad debía ser demasiado fuerte. La razón defiende con fuerza una filosofía llamada deísmo. Y la doctrina del deísmo no hace otra cosa que llevar mi argumento a su conclusión lógica y decir que no puede ser.

Una filosofía llamada deísmo

Mucho antes de que naciese el deísmo del siglo XVII, habían existido los llamados gnósticos, a quienes Pablo dirigió sus terribles acusaciones. Esos gnósticos sostenían que era imposible que Dios tocase al ser humano. Era imposible que incluso tocase la materia. Era impensable y blasfemo incluso que alguien dijera que Dios había creado algo. Dios nunca creó nada. Dios es demasiado santo para tocar la materia. Era imposible que la tocase. La materia la crearon los demiurgos (una deidad del gnosticismo, el maniqueísmo y otras religiones, responsable de crear el mundo material y que a menudo se considera el origen del mal), y semidioses que Dios había expulsado de su ser en oleadas. El propio Dios jamás se rebajaría a poner sus manos, inefablemente santas, sobre materia impura.

Cuando llegamos al siglo XVII y pasamos al XVIII, encontramos a hombres como Herbert Spencer, y las doctrinas eran las mismas. Él dijo: "Los doctores son dioses; nadie duda de que hay un dios".

La gente dice que Voltaire era ateo. Voltaire no era más ateo de lo que yo soy budista. Voltaire era deísta. Creía que Dios existía, y cuando un sacerdote dijo algo desagradable sobre él basándose en su presunto ateísmo, Voltaire se volvió hacia él y le dijo: "He dicho más cosas buenas sobre Dios que usted". Me da la sensación de que tenía razón.

Esta es la diferencia entre un ateo y un deísta: "a" significa "no", y *theos* significa dios, "-ísta", por otro lado, se refiere a alguien que fabrica creencias. Por consiguiente, tenemos que un ateo es alguien que afirma que no hay Dios. Es bastante sencillo. Entonces encontramos la palabra "agnóstico". Un agnóstico es alguien que dice: "No sé si hay un Dios o no". Luego está el deísta, postura que sostuvieron Spencer y Tom Paine y el resto de los ateos de los siglos XVII y XVIII. En realidad no eran ateos, sino deístas, pero los hombres los calificaban como ateos.

¿Qué dice un deísta? Un deísta dice: "Sí, hay un Dios. Debe haber un Dios". Una vez Voltaire sacó su reloj del bolsillo y dijo: "Decirme que este reloj se hizo a sí mismo es igual a que me digas que este vasto sistema interrelacionado se creó a sí mismo. Hay un Dios". Era duro con los sacerdotes y con los hipócritas, pero era deísta. El deísta dice que Dios nunca se puede acercar a la humanidad. ¿Cómo podría ser? "El Dios grande y eterno que hizo los cielos y la tierra es demasiado exaltado, demasiado elevado y trascendente como para pensar que pueda interesarse por ti o por mí". Esto es el deísmo.

Teísmo (a falta de una palabra mejor)

Entonces, ¿qué somos? Somos teístas. El término procede del griego y del latín, y se aplicaba a los incrédulos. Sería una buena maniobra si logras salirte con la tuya, pero tú y yo somos teístas.

Ahora bien, un deísta es alguien que cree en Dios pero no cree que a Dios le importemos. Por consiguiente, no hay Salvador ni Biblia. Un teísta es alguien que cree que hay un Dios y que le interesamos; hay un Salvador y una Biblia.

En el sur de Estados Unidos, hubo un político con escasa educación que se presentaba como candidato compitiendo con otro hombre y sabía que a muchos de los votantes que vivían en las montañas no les importaban las definiciones. Así que extendió el rumor de que su oponente había sido virgen hasta el momento de casarse; era culpable de celibato. Y la gente dijo: "¡Vaya, nunca se me habría ocurrido algo así! Ese hombre fue célibe hasta el momento de casarse; no votaré por él". Su adversario obtuvo una victoria fácil porque el otro candidato había sido soltero hasta el momento de casarse.

La lógica dice que Dios no podía estar entre ellos. La lógica dice que, siendo quién es Dios y siendo quiénes son ellos, no podría estar entre ellos. La razón firme argumenta que no podía estar entre nosotros. No era posible que el Señor de la gloria descendiera a habitar entre los hombres de la humilde tierra, que aquel que camina por los espacios interestelares descendiera para confinarse entre los seres humanos. ¿Por qué vino?

Dios con nosotros

La Biblia dice que habitó entre las personas, y si lees los Evangelios, descubrirás que es cierto que lo hizo. Estuvo aquí, durmiendo entre ellos, comiendo con ellos, sentado, acudiendo a sus funerales, a sus bodas, acariciando a sus bebés, ayudándoles a ponerse en pie cuando caían. Estuvo entre ellos, y era Dios. Pero, ¿por qué estuvo entre ellos?

Lo hizo por el impresionante misterio de la encarnación. Todo lo que es Dios se había convertido en todo lo que es el hombre, exceptuando el pecado. Ten esto en cuenta. Y cuando se encarnó, se comprometió irrevocablemente con la raza humana.

Cuando nuestro Señor Jesucristo descendió al vientre de la virgen María, llegó a un punto sin retorno. Se comprometió irrevocablemente, mientras las edades pasan una tras otra deshaciéndose en el olvido, mientras un mundo gira en torno a otros y un milenio sucede a otro; Él seguirá siendo lo que fue. Todo lo que Dios era se hizo todo lo que era el hombre, menos en pecado, y ya no había vuelta atrás para Él. Vino a compartir las penas de la humanidad, a experimentar sus sufrimientos, a compartir y borrar sus pecados vicariamente, porque Él jamás pecó. Si hubiera pecado, no podría haber cargado con nuestros pecados.

Hace años encontré un pasaje en el Salmo 69 que no entendí. Sabía que este salmo es lo que los eruditos llaman un salmo mesiánico. Era una profecía de Jesús y una oración suya. En este salmo encontramos estas palabras: "Dios, tú conoces mi insensatez, y mis pecados no te son ocultos" (v. 5). Y me dije: "Aquí tiene que haber algo extraño: si Jesucristo nunca pecó, según el Nuevo Testamento, ¿cómo pudo orar 'conoces mi insensatez, y mis pecados no te son ocultos'?". Entonces, la respuesta penetró en mi corazón, donde ha permanecido desde ese momento. Es decir, cuando la Biblia dice que Jesús nunca pecó, quiere decir que jamás pecó personalmente; pero cuando oró a Dios "conoces mi pecado", hablaba del pecado vicario, el pecado que había cargado sobre sí mismo y aceptado como propio.

Los críticos de la expiación vicaria tienen mucho a su favor cuando sostienen: "No veo a este Jesús muriendo por ti. No veo esta transferencia de responsabilidad entre una y otra personalidad". Y a modo de ilustración dan el siguiente ejemplo:

Imagina qué pasaría si llevasen a un hombre ante un tribunal acusado de asesinato, lo declarasen culpable y el juez dijera: "Que se ponga en pie el acusado", y él se pusiera en pie y el juez le dijese: "¿Tiene algo que decir antes de que dicte mi sentencia?".

El acusado diría: "Nada, su señoría".

Entonces el juez diría: "Ha sido hallado culpable tras el debido proceso legal, y tras tener un juicio justo. Un jurado ha decidido por unanimidad que usted cometió un asesinato premeditado; las leyes del estado en el que vive exigen que usted muera. Por lo tanto, sentencio que ese hombre de allá sea colgado del cuello hasta que muera".

Un hombre comete el asesinato, pero el juez sentencia que otro hombre muera por él. ¿Cómo puede ser esto? ¿Dónde está la justicia celestial? Por consiguiente, rechazan el concepto de expiación vicaria, diciendo que no puede ser. La responsabilidad moral no se puede transferir de una persona a otra.

Lo curioso del caso es que tienen razón. Los evangelistas y los predicadores han tomado la teología y la han popularizado, volviendo terriblemente complicado lo que era muy sencillo. La cuestión básica es que en la expiación nunca se produjo una transferencia de responsabilidad moral de una persona a otra. Pero en Jesucristo mismo nos volvemos parte de Él, y Él se hizo parte de nosotros, adoptándonos en sí mismo, de modo que en cierto sentido, cuando murió, como dijo Pablo, todos morimos. En lugar de hacer que la ley obligase a un hombre a morir por todos, Él hizo morir a todos los hombres y resucitó de los muertos a los que creen en Jesucristo, de modo que todo hombre muere por sus pecados. El pecador muere solo y el cristiano muere en Cristo. Pero todo hombre muere por sus pecados. O bien muere uniendo su corazón a Jesucristo, y queda recogido bajo las alas de Jesús y muere en el cuerpo de Cristo, o muere solo en sus pecados.

Jesús pronunció unas palabras terribles: "en vuestros pecados moriréis" (Jn. 8:24). ¿Qué palabras podríamos tomar para describir algo más tremendamente impactante y espantoso que decir que murió en sus pecados? El perro muere en su vómito y el cerdo en su inmundicia, y el hombre en sus pecados.

El cristiano también muere. Dice que fuimos crucificados con Cristo. ¿Te has dado cuenta? Cristo, la cabeza, nos reunió a todos en sí mismo y murió como nosotros morimos, y dado que era Dios, su muerte por nosotros pudo significar expiación y resurrección. Si hubiésemos muertos en nosotros mismos y solos, no habría habido resurrección para vida eterna. Pero como morimos en Él y con Él, hay una resurrección a vida eterna, un nuevo nacimiento y una gloria venidera.

Este Jesús estuvo aquí, y todo lo que era Dios se hizo hombre, pero sin pecado. Y nos ha reunido en sí mismo. El antiguo Credo de Atanasio lo explica con detalle: "Aunque Cristo es Dios y humano, no son dos personas, sino una sola. Sin embargo, es uno no porque su divinidad se convirtiera en carne, sino porque Dios tomó la humanidad para sí mismo. Es uno, ciertamente no por la fusión de su esencia, sino por la unicidad de su persona. Porque de igual manera que un ser humano es alma racional y carne, también el Cristo es tanto Dios como humano".

Las iglesias creyeron esto a lo largo de todos los siglos. Pero la encarnación no fue una degradación. Una vez un hombre intentó explicar la encarnación diciendo: "Si pudieras imaginar a un arcángel que desciende para adoptar el cuerpo de un sapo, no sería un acto tan espantoso y pavoroso, tan terrible y maravilloso, como la encarnación".

La deidad no se degradó. Cuando Jesucristo se hizo hombre, se humilló, pero no se degradó. La deidad nunca se degradó ni nunca lo hará. Cuando el santo Hijo de Dios caminó entre pecadores, no fue una degradación. No habitó en el cuerpo de un sapo, sino en el de un hombre sin pecado, y en esto no hubo degradación alguna. Puesto que la deidad se hizo hombre, la humanidad es llevada a Dios; y si lees las epístolas de Pablo, descubrirás que esta enseñanza es firme en ellas.

En Juan 17 verás a Jesucristo pidiendo a Dios que todos sean uno como Él y el Padre son uno, e impartiendo la doctrina increíble de que la humanidad redimida será insertada en Dios, al menos emocionalmente, y empíricamente será una con Él, como cada Persona de la Trinidad es una con las demás. Te digo que si toda la Iglesia de Cristo pudiera asimilar esta idea y meditar en ella en oración aunque solo fuera un día, haría que el concepto del cristianismo ascendiera y trascendiera lo que es hoy.

En la encarnación, Jesús se hizo como todos los hombres pero sin pecado, y al hacerlo incluyó al hombre en todo lo que es Dios menos en su deidad. Por eso estuvo entre nosotros. Por eso somos teístas y no deístas. Por eso decimos que hay un Dios y que es trascendente, alto y elevado, con sus faldas que llenan el templo. La lógica diría que no podía vivir entre nosotros, pero el misterio de la encarnación dice que sí pudo, y nos dice por qué.

Su búsqueda, nuestro rescate

Isaías 53:5-6 dice que Él llevó nuestros dolores, nuestros sufrimientos y pecados, tomando nuestro futuro y nuestro destino, guardándolos en su corazón y llevándolos sobre sus hombros, y eso fue un punto sin retorno. Abandonó el mundo pero no a la humanidad, sino que la llevó consigo. Llevó consigo su naturaleza humana hasta su deidad, y ambas se encuentran a la diestra de Dios. El hermano mayor vino a rescatar a los hermanos menores.

Una vez alguien me reprendió porque dije por la radio que Jesús era nuestro hermano mayor. Me dijo que nunca debía decir algo así. No se lo discutí, pero tampoco he dejado de decirlo, porque la Biblia dice que es el primogénito entre muchos hermanos (Ro. 8:29). Y los hermanos estaban perdidos, de modo que el primogénito fue a encontrarlos; o, cambiando la imagen, el pastor fue en busca de su rebaño.

La razón le dice al pastor: "¿Qué haces aquí en la oscuridad, entre los arbustos? Fíjate en tu ropa; está rasgada. ¿Por qué tienes ese arañazo en la mejilla, y otro en la mano? ¿Por qué estás aquí? Ya se acerca la noche, y salen los animales salvajes". La lógica dice: "No deberías estar aquí. A unos kilómetros hay una cabaña. En esa cabaña están tu esposa y tres niños, esperando que vuelvas a casa. Hay una tetera en el fogón, la leche en los cubos, te espera la cena. ¿Qué haces aquí?". Y él diría: "Arriba en el monte, en algún lugar, hay una oveja. Por eso estoy aquí".

Esta es toda la razón que necesito, toda la lógica. Los filósofos dicen que un hombre debe estar en su casa por la noche. Donde hay una cama, una mesa, calor. La lógica decía que Dios no podía estar aquí, pero estuvo. El Pastor vino por las ovejas. ¿Dónde podría encontrar a las ovejas excepto donde estaban estas? Si las ovejas hubieran podido llegar a Él, no habría venido; pero como no podían, Él vino a ellas. Y la maravilla de la encarnación fue más que una proposición teológica. Fue un acto tremendamente emocional.

La razón dice: "¿Por qué debe estar el Santísimo entre los más pecadores? ¿Por qué debe estar el más alto entre los más bajos? ¿Por qué debe habitar el Dios de gloria entre los hombres que avergüenzan?".

Dios no responde. Dice que hay una oveja perdida en alguna parte y que Él anda en su busca, nada más. Ninguno de los rescatados sabrá jamás lo profunda que era el agua que vadeó o lo oscura que fue la noche por la que pasó el Señor para encontrar a su oveja perdida. Como escribió Elizabeth Clephane en el himno "Noventa y nueve ovejas son":

Noventa y nueve ovejas son
las que en el prado están,

mas una sola, sin pastor,
por la montaña va.
La puerta de oro traspasó
y vaga en triste soledad,
y vaga en triste soledad.

Por esta oveja el buen Pastor
se expone con piedad,
dejando solo aquel redil
al que ama de verdad,
y al fragoroso bosque va
su pobre oveja a rescatar,
su pobre oveja a rescatar.

Oscura noche ve venir,
y negra tempestad;
mas todo arrostra, y a sufrir
lo lleva su bondad;
su oveja quiere restituir,
y a todo trance restaurar,
y a todo trance restaurar.

Sangrando llega el buen Pastor,
la oveja herida está;
el bosque siente su dolor,
comparte su ansiedad;
empero Cristo, con amor,
su oveja pudo rescatar,
su oveja pudo rescatar.
   (Trad. P. Castro)

12

VIVIENDO EN VICTORIA EN AMBOS REINOS

De cierto, de cierto os digo: El que oye mi palabra, y cree al que me envió, tiene vida eterna; y no vendrá a condenación, mas ha pasado de muerte a vida.

JUAN 5:24

Lo más importante no es tanto lo que cree una iglesia, sino lo que cree lo suficiente como para subrayarlo. No es lo que admitirá teológicamente un predicador cuando se lo pone contra la pared y se lo hace hablar; es lo que cree con la suficiente urgencia como para hacer de ello una parte viva y constante de su mensaje.

El problema con buena parte de lo que pasa por ortodoxia en nuestra época no está en lo que cree la gente o incluso en lo que no cree. Estriba en lo que creen lo suficiente como para proclamarlo. Supongo que no habrá ninguna iglesia asentada en el evangelio que no diga: "Creemos esto, y lo defendemos como parte de nuestro credo". Todo esto está muy bien, pero ¿lo creen lo suficiente como para poner allí su énfasis, comprimirlo, detonarlo y activarlo hasta que explote en forma de fe y vida cristiana? Esto es lo importante.

Muchas iglesias no han visto una conversión en mucho tiempo, pero, si acudes al pastor, un diácono o un miembro y preguntas: "¿Cree en el nacimiento virginal?", contestará: "Por supuesto que creo".

"¿Cree en la caída del hombre?".

"Sí, señor".

"¿Cree que es necesario nacer de nuevo antes de poder ver el reino de Dios?".

"Sin duda".

"¿Cree que es necesario ser justificado por la fe y hecho una nueva criatura en Cristo Jesús?".

"Por supuesto que sí". Entonces señalarían un libro y dirían: "Ahí está todo aquello que sostenemos".

Lo creen, pero no lo bastante para enfatizarlo; y el resultado es que hoy día nadie ha penetrado en este asunto haciéndolo parte de su vida. Lo que yo creo no importa tanto (aunque si mi credo es erróneo, mi experiencia lo será, probablemente); lo importante es la parte de mi credo que he experimentado empíricamente.

Algunos podrán preguntarse por qué no digo "experimentalmente". Simplemente, porque "experimentalmente" significa "con la naturaleza de un experimento", y "empíricamente" significa "según la naturaleza de una experiencia". Yo no soy experimentador en el sentido de que no creo que Dios quiera que experimentemos con la verdad. Soy un defensor del empirismo, porque creo que todo aquello que considero cierto debe ser mío mediante una experiencia viva y vibrante; lo que es realmente mío, aquello en lo que tengo experiencia. No aquello en lo que creo lo bastante como para haber escrito un credo, sino aquello que he creído con suficiente intensidad como para vivirlo y experimentarlo.

Esto es lo que se nos enseña en Juan 5:24, y en el resto de la Biblia, y es lo que cree la mayoría de cristianos. Sin embargo, en nuestros tiempos se enseña tan poco, que ha dejado de tener un significado práctico para el cristiano promedio, el grueso de aquellos que creen en la Biblia. Todo se reduce a esto: hay dos mundos que coexisten para ti y para mí.

La coexistencia de dos mundos

Dios nos ha puesto entre dos mundos; no de uno, como creen los materialistas modernos, sino en medio de dos. Dios nos ha hecho como los animales en nuestros cuerpos, pero como los ángeles en nuestras almas. Además, ha puesto ambos mundos juntos; dado que ha habido una Caída, el pecado ha entrado en el mundo, y el ser humano descubre que esa parte de él que es el cuerpo y esa parte de él que es el alma no siempre están de acuerdo. Nuestro Señor dijo: "...el espíritu a la verdad está dispuesto, pero la carne es débil" (Mt. 26:41); de modo que Pablo, en el capítulo séptimo de Romanos, pudo ofrecernos la triste imagen del hombre torturado que quiere avanzar en la dirección correcta pero cuyo cuerpo físico no se lo permite.

Hay dos mundos. Tenemos el mundo físico, material; tenemos el viento, el sol y las estrellas, y también la tierra firme, en la que podemos saltar, que podemos recubrir con aceras y sobre la que levantamos edificios. Alrededor de nosotros tenemos un mundo material, físico, que ha acabado metiéndose en nuestras almas. Se está abriendo camino por ellas; ha condicionado nuestro lenguaje, proporcionándole sus metáforas, símiles y analogías hasta el punto de que nuestro lenguaje se centra en lo físico.

Decimos que un hombre es recto, y pensamos en un árbol. Decimos que llevará mucho tiempo, y pensamos en un viaje. Decimos que un hombre está abatido, y pensamos en ello en términos físicos. Hablamos de la alta sociedad, pensando en términos de altura. En todo nuestro lenguaje estamos atados a la tierra.

Hemos hecho que nuestro lenguaje se adapte a la cruda tierra como un guante viejo se adapta a la mano. Por este motivo, cuesta un poco de esfuerzo mental escapar de este mundo físico en el que vivimos y creer en la coexistencia de un mundo espiritual. Creo que no existe sólo un mundo material, sino que coexiste con un mundo espiritual sobre el que incide. Recuerda siempre que lo material es temporal, y lo espiritual es eterno.

Viviendo en dos mundos

El Nuevo Testamento enfatiza la dualidad del mundo en que vivimos. Existe un mundo material, y el primer hombre es de la tierra, terrenal. El segundo hombre es el Señor del cielo, donde está tu mundo espiritual. "De cierto, de cierto te digo, que el que no naciere de agua y del Espíritu, no puede entrar en el reino de Dios" (Jn. 3:5). ¿Qué significa esto? Significa que está en el reino de la carne, y para entrar en el reino de Dios es necesario nacer en el reino de los cielos.

Sin embargo, estos dos mundos se solapan y coexisten, y uno es la sombra del otro. Creo que el mundo material que tú y yo conocemos, el "universo", como lo llamamos, no es más que una sombra proyectada desde el trono de Dios. Existe un mundo espiritual, y verás que siempre que las Escrituras describen el cielo o las cosas de Dios, lo hacen usando cosas que no son de este mundo.

Incluso el místico Ezequiel, que se sentó junto al río Quebar y bañó sus pies en las aguas fangosas de aquel río extranjero, de repente tuvo visiones de Dios, y el cielo se abrió ante él, y la Palabra de Dios descendió a él, y la mano de Dios estaba sobre él. Tuvo visiones de fuego que venía del norte, cadenas de fuego que se desplegaban, y saliendo del fuego vio a cuatro seres vivientes que demostraron que los dos mundos, el mundo de fuego de la presencia de Dios y este mundo en el que vivimos, se parecen mucho. Empezó a describir a las criaturas y demostró que se parecían bastante a las que hay en este mundo. Eran espirituales y eternas, y no participaban de un cuerpo material, pero tenían cuatro rostros, manos, alas, caminaban sobre cuatro pies y se las podía describir usando términos materiales y terrenales.

Es por eso que no soy un hombre solitario, y por lo que no creo que ninguna iglesia sea más santa que cualquier otro lugar situado en la misma acera, a dos cuadras o en cualquier otro punto. El reino de Dios coexiste con el reino del hombre, y los dos están juntos. Uno mira hacia dentro y el otro hacia fuera. El uno es interno y el otro externo. Uno es del espíritu, y el otro es de la carne. Uno pasará con gran estruendo, y el otro nunca puede desaparecer. Uno es del mundo, terrenal, y el otro es de Dios, celestial.

Pensamos que Dios está infinitamente lejos, en los extremos más distantes de nuestro espacio. Pensamos que nuestro Señor Jesucristo voló por los corredores del espacio, y que ahora está sentado a la diestra de Dios. Y todo eso es cierto. Sin duda, está sentado a la diestra de Dios como nuestro abogado para siempre, nuestro Salvador junto al trono de la gracia. Pero recuerda también que en el misterio de la creación y la presencia de Dios las personas de la Trinidad también están con nosotros, y que el reino de Dios está cerca de nosotros. No es cuestión de gritar con fuerza a través del abismo para llegar hasta un Dios muy lejano; puedes susurrar en tu espíritu a un Dios que habita en ti si eres cristiano. No hace falta enviar un telegrama a través de y lugares y distancias, a un Dios muy alejado; Dios puede leer los latidos de nuestro corazón. Nuestra mente es frágil para Dios, y Él la toca y sabe lo que estamos pensando. Por eso no oímos hablar mucho de la coexistencia de los dos mundos.

Nuestro no le dio importancia a hablar sobre los niños y sus ángeles de la guarda, que cada hora veían el rostro de "nuestro Padre que está en los cielos". Y cuando oraba y sudaba en el huerto antes de su crucifixión, podía haber contado con ángeles; aunque sí acudieron para consolarlo. Los ángeles ministran con amor, en eso no hay nada misterioso, nada extraño. Pero incluso nosotros, los evangélicos, somos unos materialistas tan rematados y vivimos para este mundo hasta tal punto que el cristiano promedio conoce mejor la potencia en caballos de su automóvil y las proezas deportivas de sus héroes que a las criaturas de cuatro rostros que surgieron del fuego en la visión de Ezequiel.

Somos materialistas a pesar de nuestra afirmación de ser espirituales. Somos espirituales en cierto sentido, pero sin duda pensamos en términos materiales, y la textura de nuestro cerebro es material: física, externa, superficial y creada. Pertenece al mundo que perece, y es la obra de Dios por medio del Espíritu Santo, la oración y las Escrituras. Dios obra para cambiar todo el sabor de nuestro ser. Dios obra para que su agua de vida fluya por los poros de nuestro espíritu hasta que haya lavado todo el sedimento, el barro, la arcilla y el polvo, hasta que las aguas sucias y turbias donde estuvimos tanto tiempo atorados, en el reino del pecado, queden limpias, purgadas, purificadas; nos eleva y ennoblece hasta que estamos más cerca del cielo que de la tierra. Es una lástima que tengamos que envejecer y tener canas antes de entender esto, aunque no siempre es así.

Una persona no tiene por qué ser vieja para ser espiritual, y no tenemos que acumular varias décadas para descubrir estas cosas. Es una lástima que esto le pase a la mayoría. Me pregunto si no será porque hemos dado por hecho que nuestros jóvenes están medio locos y que, en lo tocante a los temas religiosos, hay que distraerlos, ser condescendientes con ellos, contarles las cosas fáciles, hacerles el juego, distraerlos y divertirlos. El resultado es que desde los primeros años de su vida hasta que empiezan a tener canas los entretenemos, les seguimos el juego y los divertimos; y luego, cuando se hacen mayores y ya no les interesan tanto las diversiones, decimos que es el momento en que se convertirán en santos. Creo que es una manera deplorable de tratar a nuestros jóvenes. No creo que la edad de una persona tenga nada que ver con el calendario.

No es cuestión del paso de los años, sino de la experiencia espiritual. El joven David era tan niño que no tenía ni que afeitarse. Con su cara sonrosada y suave, avergonzó a sus hermanos mayores, al viejo rey Saúl y a todos los barbas grises de Israel que sentían miedo. David se portó como un muchacho, un muchacho espiritual, y durante toda su vida fue un hombre espiritual.

El joven Samuel era tan pequeño que aún necesitaba dejar una vela encendida en su cuarto. "Tengo miedo, Elí", decía. Y Elí decía: "Está bien", y mientras refunfuñaba bondadosamente, se levantaba y encendía una vela. El Dios todopoderoso lo visitó, le dio una visión y capacidad profética y le mostró cómo iba a trastornar toda la casa de Elí; Dios levantaría un nuevo linaje para el sacerdocio, y le contó todo esto a Samuel cuando no era más que un niño (1 S. 3).

Cristo dio de comer a multitudes. Había dos motivos para que lo hiciese. Uno es que tenían hambre, y los había creado de tal manera que necesitaban comer todos los días. Tenían hambre, de modo que el Señor los alimentó. Este era el primer motivo, y siempre verás que todo lo que Dios hace tiene un sentido práctico sólido.

Cuando digo que hay dos mundos, el material y el espiritual, no quiero menospreciar este último. Dios también lo hizo, pero no para durar. Lo hizo como algo temporal, de la misma manera que cuando levantan un andamio al construir una catedral. Al cabo de un tiempo el andamio se retira, y la catedral permanece diez siglos. Así nos ha dado Dios el mundo físico; no provoca su ira, y no tenemos que pedir disculpas cuando tocamos el mundo físico.

Pero la desgracia de nuestros tiempos es que lo físico nos ha engullido, y olvidamos que existe otro mundo. Cuando Jesús dio de comer a la multitud, ofreció un punto de partida desde el que elevar los pensamientos de ellos para que reflexionasen sobre cosas eternas, y poder conducirlos (y conducirnos) al Pan de vida.

Aprendieron lentamente, y nuestro Señor les dijo: "De cierto, de cierto os digo que me buscáis, no porque habéis visto las señales, sino porque comisteis el pan y os saciasteis" (Jn. 6:26). Creo que detecto cierto reproche leve en sus palabras, y una nota de tristeza. Cuando dijo: "Trabajad, no por la comida que perece" (v. 27), dijo, en otras palabras: "Están aceptando una filosofía letal que dice que solo hay un mundo y que lo único que importa en su interior es su estómago. Si pueden mantener su estómago satisfactoriamente lleno, están contentos y cumplen el propósito por el que Dios los creó. Pero esta es una filosofía mortal, porque pasan por alto la existencia de ese otro mundo. Han olvidado que existe un mundo espiritual que fluye a su alrededor como el agua fluye en torno a las piedras en el lecho marino".

La filosofía que tenían ellos era estrecha, terrenal, y Él los reprendió por ello diciendo: "De cierto, de cierto os digo que me buscáis, no porque habéis visto las señales, sino porque comisteis el pan y os saciasteis. Trabajad, no por la comida que perece, sino por la comida que a vida eterna permanece, la cual el Hijo del Hombre os dará; porque a este señaló Dios el Padre" (Jn. 6:26-27). Aun así, ellos no veían más allá del pan y el pescado. Y dijeron: "Nuestros padres comieron el maná en el desierto, como está escrito: Pan del cielo les dio a comer" (v. 31), citando un versículo de las Escrituras.

Entonces nuestro Señor les contradijo educadamente: "No os dio Moisés el pan del cielo" (v. 32). Quiero preguntarte algo: ¿cómo pudo decir eso? Cuando está escrito en la Biblia que Él les dio el pan del cielo para comer, ¿cómo es posible que nuestro Señor se diera vuelta y dijera: "no os dio Moisés el pan del cielo"? A la luz de la experiencia que tuvieron los hebreos, ¿cómo pudo decirlo?

Cualquiera que hubiese tenido un rollo de las Escrituras podría haber consultado la historia de Israel en el desierto, leyendo que tuvieron mucha hambre y clamaron a Dios, y Dios les dio el maná. Caía sobre ellos como el rocío nocturno, y era un alimento pequeño y extraño, del tamaño de una semilla de cilantro. Caía sobre ellos como nieve, y lo recogían (era una especie de cereal), y podían cocinarlo de una docena de maneras distintas. Llegaba a sus manos desde el cielo, y dijeron: "Es maná".

"¿Qué es, qué es? Maná." No sabían lo que era, y hasta hoy nadie lo sabe. Algún historiador incrédulo intentó despejar la pregunta diciendo que era la semilla de esta o de aquella planta. ¿Cómo llegaba? Descendía justo cuando el pueblo lo necesitaba, y en ningún otro momento. ¿Cómo es que llovía sobre ellos seis días a la semana y el séptimo no?

Era un milagro. Ellos necesitaban pan, y Dios se lo dio. Dado que venía de lo alto dieron por hecho que llegaba desde el reino del amor, que era algo espiritual. Pero nuestro Señor les dijo claramente "no os dio Moisés el pan del cielo" (Jn. 6:32). ¿Por qué les hablaba de esta manera? Les dejaba en claro la falta de validez permanente de todo lo que es temporal y material.

Me gustaría hacerte ver la insuficiencia de las cosas materiales; por muy buenas que sean, no bastan. Aunque Dios las envía, no son suficientes.

Los progresos externos de la religión

En la época en que vivimos, asistimos a una explosión de la religión; la religión está por todas partes. Es imposible poner la radio y no encontrarse a alguien que canta sobre los huesos secos que vio Ezequiel. O sino cantan un tema sobre el diluvio: "¡Señor, cómo llovía!".

Yo apago todos esos ruidos blasfemos. No los escucho. Es posible tropezarse con ellos, igual que puedes pisar un gato muerto cuando vuelves a tu casa de noche, pero no te quedas encima de él. De modo que cuando escucho la radio en busca de algún noticiero o para localizar algún programa decente y me encuentro con un puñado de estúpidos, que fingen reírse de un pensamiento santo que contiene la Biblia, no los escucho. Preferiría agarrar un gato muerto, resbaladizo e infestado de gusanos, y llevármelo a casa antes que escuchar esas canciones sobre lo mucho que llovía y los huesos en medio de otros huesos, o como le llamen a esa blasfemia.

La religión nos ha proporcionado algunos beneficios. Por ejemplo, la moral.

El progreso moral

Si hubiera más iglesias, más predicadores y más religiones, habría menos crímenes y se reduciría el grado de la delincuencia juvenil. Sería más seguro transitar por las calles. Esto es cierto. Y si aumentáramos el número de cristianos en Chicago, el peligro de las calles oscuras se reduciría en proporción. Si pudiéramos aumentar el número de convertidos en la ciudad de Chicago, las celdas de nuestras cárceles perderían inquilinos. Y por el contrario, si el número de buenos cristianos descendiese, las calles se volverían más peligrosas y las cárceles recibirían a más personas. Creo esto con todo mi corazón, de modo que sé que la moral que el cristianismo aporta al mundo es algo positivo.

Pero no es el maná celestial. No es aquel maná que Dios envió al mundo. Es algo temporal, algo local, algo que pertenece al mundo de Adán (este mundo en que vivimos), y no te servirá absolutamente de nada a los cinco minutos de que hayas muerto.

El progreso cultural

También conozco el valor cultural de la religión. Es imposible escuchar los cánticos que se entonan en la iglesia y no salir beneficiado culturalmente. No se puede cantar: "Gloriosas palabras se hablan de ti, Sion, ciudad de nuestro Dios" o "Parte tú el pan de vida, Señor, para mí", o algunos otros grandes himnos de la Iglesia, sin que nos invada una apreciación por lo sublime, lo absoluto y lo noble. Conozco el valor cultural de la religión. Si tomamos la iglesia media, con sus asistentes, sea una iglesia evangélica o no, sé que las personas que están allí viven mejor que las que frecuentan los bares del centro de la ciudad.

Ahí tenemos una iglesia moderna en la que el pastor no cree en gran cosa excepto en la ética y en llevar una vida correcta; y allá tenemos el bar. En esta iglesia moderna nadie tiene hipo, pero en el bar sí. De esa iglesia no hay que sacar a nadie a rastras, pero del bar sí. Nadie sale de esa iglesia para volver a su casa y pegarle a su mujer o discutir con sus hijos, pero del bar sí. Supongo que cualquier tipo de iglesia es mejor que un bar. Pero la moral y la ética que enseña esa iglesia no son el maná del que habló Jesús. No son el verdadero pan del cielo.

Sin duda, la religión tiene muchos beneficios de los que nos gusta hablar. Pensamos en la campana de la iglesia que tañe y nos invita: "Venid a la iglesia junto al bosque…". Es todo muy bonito, muy poético, y sin duda tiene una influencia que eleva y ennoblece la vida estadounidense. Pero este no es el verdadero pan del cielo, que mi Padre os da. Estos son los dones y los beneficios de Dios, y cualquier tipo de bondad es mejor que el mejor tipo de maldad. Cualquier tipo de estándar moral que sea un poco elevado es mejor que aquel otro que se arrastra por el polvo. La sociedad ética que se reúne en el metro de Chicago para impartir ética es mejor que ese tugurio donde mujeres medio desnudas bailan mientras suena una música sensual.

Luego, claro está, tenemos los hospitales. Hoy día cuidan de las personas con trastornos mentales, en vez de expulsarlas de la ciudad. Cuidan de los ciegos, en vez de ponerlos a mendigar en las esquinas de las calles. Todo esto es un subproducto del cristianismo. Y todo lo bueno que se hace es un subproducto directo del cristianismo.

Estos son los subproductos de la religión, no cabe duda, pero no son el maná, el verdadero pan que Dios nos da.

El pan de vida que te sustenta

Puedes empezar todo lo abajo que quieras y ascender hasta las alturas y enumerar todos los beneficios del cristianismo y todas las ventajas de la Iglesia, y cuando hayas acabado, nuestro Señor podrá decir: "No, este no es el verdadero pan del cielo". Cualquier persona puede tener todo eso, morir y acabar en el infierno. Jesús dijo: "Yo soy el pan de vida; el que a mí viene, nunca tendrá hambre; y el que en mí cree, no tendrá sed jamás" (Jn. 6:35).

En el Antiguo Testamento encontramos una profecía curiosa: "Echarán mano de un hombre siete mujeres en aquel tiempo, diciendo: Nosotras comeremos de nuestro pan, y nos vestiremos de nuestras ropas; solamente permítenos llevar tu nombre, quita nuestro oprobio" (Is. 4:1).

No sé si el cristianismo moderno es el cumplimiento o no de ese pasaje, pero sí es una ilustración. Estamos rodeados de quienes se llaman iglesias cristianas. Cristiano esto, cristiano lo otro, y lo único que quieren de Jesús es su nombre. No quieren nada de lo que tiene Jesús excepto los beneficios externos. Quieren el maná, quieren las perdices, quieren el agua que fluye de la peña, quieren protección, quieren la ayuda ética y moral que les proporciona. Quieren ser conocidos como sus seguidores. Porque es algo popular siempre que no lo llevemos muy lejos. Pero no quieren sus ropas ni quieren su comida. Las prendas con las que se vistan serán el producto exclusivo de su labor de costura. Y la comida que tomen será estrictamente la que ellos mismos aporten. No se vestirán con las ropas que vienen de Dios, ni quieren tomar los alimentos que Dios envía desde lo alto para dar vida al mundo. Solo quieren apartar de ellos su oprobio recurriendo al nombre del Hombre que se ha ganado el derecho a ser respetado.

Los cristianos sabemos que no debe ser así. Hagamos o no algo al respecto, sabemos que no es así. "Yo soy el pan de vida", dijo Jesús, "el que a mí viene, nunca tendrá hambre; y el que en mí cree, no tendrá sed jamás" (Jn. 6:35).

Lo que para el cuerpo es comer, para el alma es creer. Me da mucho miedo que pensemos ser salvos sin serlo. Temo mucho que alguien te haga avanzar por el pasillo hasta el altar, te meta debajo de la nariz un Nuevo Testamento y te muestre, mediante un pasaje subrayado, que si acudes a Dios, Él no te rechazará, y te obligue por la lógica a decir que te has convertido. Me da miedo ese tipo de religión mecánica.

Existe un acto que es tomar el Pan de vida y saber que lo estás tomando. Es posible contemplar con fe ese Pan que descendió de lo alto, meterlo en tu organismo y tener una religión espiritual interior, sabiendo por ti mismo que lo divino ha penetrado en tu vida. Es posible tener esa seguridad por propia experiencia, no porque nadie te lo diga.

Pero dirás: "Soy salvo porque la Biblia dice que soy salvo". La Biblia no dice que eres salvo. La Biblia establece una condición por la cual puedes ser salvo, pero nunca le dice a nadie que lo sea. Eso es imposible. Dios tendría que escribir otra Biblia y decir: "Juan Sánchez cree en mí, y por lo tanto es salvo". Dios no escribe en su libro la garantía de tu salvación; te dice cómo ser salvo, y luego escribe la garantía en tu corazón. ¡Ojalá más evangélicos se dieran cuenta de esto, en lugar de afirmar mecánicamente: "Dios dice que soy salvo y yo lo creo"!

Sin embargo, si dijeras "Dios me dice cómo ser salvo, y yo lo he aceptado, y es real en mi vida, y sé con toda certeza que he pasado de muerte a vida", esto supondría la diferencia entre el tipo de religión que tenemos ahora y el avivamiento. Pero en lugar de eso queremos pulsar un botón y hacerlo todo mecánico. Si quieres creer algo, cree Juan 5:24: "De cierto, de cierto os digo: El que oye mi palabra, y cree al que me envió, tiene vida eterna; y no vendrá a condenación, mas ha pasado de muerte a vida".

Ahora bien, ¿cómo sabes si esto es cierto en tu caso? Es cierto de los que "oyen y creen". Pero, ¿eres uno de ellos? ¿Cómo lo sabes? Juan nos lo deja claro: "El que cree en el Hijo de Dios, tiene el testimonio en sí mismo" (1 Jn. 5:10). No daría ni un centavo por el cristiano que no tiene más prueba de su salvación que citar un pasaje. El pasaje te llevará a la fuente, pero si te metes de cabeza en ella y sales mojado, sabré que eres cristiano. Pero si te quedas al borde del agua y citas un versículo, no estaré seguro. El diablo puede citar versículos y no es incrédulo; no pienso que lo sea. El diablo cree, sin duda, y el resultado es que tiembla de miedo. Pero no es salvo ni nunca lo será.

Muchas personas creen en pasajes que nunca forman parte de su vida. ¿De verdad, Jesucristo, el Pan de vida, está en tu interior? ¿Has sido iniciado en ese otro mundo, el espiritual, el reino de Dios? ¿Formas parte de ese reino? Puedes serlo, porque lo que el comer es para el cuerpo el creer lo es para el alma. Esto fijará tu vista en Aquel que es el Pan de vida y te hará seguir diciendo y creyendo: "Señor, sí creo en ti; confío en ti; sigo confiando en ti". Aquello externo se volverá interno. Aquello que esté en el pasaje penetrará en tu corazón. Lo que está en la vida formará parte de tu alma. Podrás levantarte y decir: "Sé por mí mismo que sé".

13

La importancia de tener un concepto correcto de Dios

¿No crees que yo soy en el Padre, y el Padre en mí? Las palabras que yo os hablo, no las hablo por mi propia cuenta, sino que el Padre que mora en mí, él hace las obras. Creedme que yo soy en el Padre, y el Padre en mí; de otra manera, creedme por las mismas obras.

Juan 14:10-11

Si aprendemos algo de esta historia es que ninguna nación ha llegado nunca más arriba que su religión. No creo que fuera muy difícil demostrar esta afirmación. La pureza o impureza de esa nación, su altura o bajura, depende del tipo de religión que tenga.

Durante un tiempo puede parecer que una nación es mayor que su religión. Puede tener una religión pésima pero aun así elevarse a las más altas cumbres. Pero por lo que respecta a las cualidades que tienen que ver con nuestra mejor humanidad, ninguna nación se ha elevado por encima de su religión. Debo decir que esto debería ser un asunto de gran preocupación para los Estados Unidos de América. Si nuestra religión se echa a perder, nuestro país se pudrirá, y no se puede emitir ninguna ley, no hay partido político que llegue al poder, no hay nada que los hombres puedan hacer para asegurar el futuro de las naciones, nada que pueda salvarnos. La nación no será nunca más grande que su propia religión.

Una nación puede caer por debajo de su religión. Puede tener una excelente religión nominalmente pero, al tiempo, caer muy por debajo de ella, igual que un hombre puede vivir al pie de un monte y nunca llegar más arriba que su cumbre. Se puede pasar toda la vida viviendo por debajo de la cumbre. Aunque ascendiera hasta lo más alto del monte, no podría seguir subiendo.

Lo segundo es que ninguna religión ascendió nunca más arriba que su concepto de Dios. Esto es lo más vital que puede saberse sobre cualquier iglesia, hombre o nación. Toda religión, alta o baja, pura o impura, noble o pagana, depende de lo que piense sobre Dios.

En el pasado ha habido religiones paganas que, aunque eran paganas y no cristianas (no estaban redimidas), consiguieron tener una sociedad estable y cierto grado de adoración pagana estable, porque tenían un elevado concepto de Dios. Pero ninguna religión puede ir más allá de su concepto de Dios. Si tienen un Dios impuro, su religión será impura. Si tienen un Dios elevado, su religión será elevada.

Estoy hablando de las religiones fuera de Cristo, aquellas que no son cristianas. Ha habido algunas grandes religiones, pero todas han dependido de su concepto de Dios. Un concepto más elevado de Dios significa que los hombres se esfuerzan buscando cosas más altas, y hacen lo mejor que pueden hacer a pesar de que están fuera de Cristo y de que no han nacido de nuevo. A pesar de que no están redimidos, si su concepto de Dios es más elevado, intentarán hacer algo mejor.

Una nación bajo Dios

El factor más vital de toda nación es lo que piensa de Dios. No soy historiador, ni por profesión ni porque haya estudiado mucha historia. Pero creo que podría predecir el futuro de cualquier nación si pudiera descubrir con exactitud cuál es el concepto de Dios que tiene algún país; si pudiera saber con precisión qué piensa Estados Unidos de Dios, qué piensa de Él la elite, las masas, los escalafones más bajos del liderazgo en el país; si pudiera enviar un cuestionario con las preguntas: "Cuando piensas en Dios, ¿en qué piensas? ¿Qué concepto te viene a la mente cuando piensas en Dios?".

Si pudiera contar con un instrumento que me dijera qué piensa la mayoría de personas sobre Dios, podría predecir el futuro de la nación, exceptuando, por supuesto, la posibilidad de un avivamiento, que lo cambiaría todo. Pero ni siquiera un avivamiento puede llegar a un lugar donde hay un mal concepto de Dios. Un misionero no puede ir a un país pagano e inmediatamente predicar el evangelio. Una de las primeras cosas que debe hacer es hablar del Dios altísimo y limpiar las mentes de las personas de los conceptos bajos, indignos e innobles de Dios. No podemos ascender por encima de nuestro concepto de Dios.

La fe personal no puede ir más allá del concepto de Dios que tenga una persona. Por eso lucho indignado contra este concepto de Dios como "el vecino de arriba". Es ese Dios simpático, encantador, al que le das palmadas en la espalda, con quien te ríes y bromeas; el Dios que tolerará todo y será amigo de todo el mundo. Ese tipo de Dios no es el Dios de la Biblia. Este no es el Dios y Padre de nuestro Señor Jesucristo; no es el Dios que dio la ley a Moisés; no es el Dios que sacó a los hijos de Israel de Egipto; no es el Dios de Isaías o de David, Juan o Pablo; no es el Dios de Martín Lutero o de John Wesley; no es el Dios de la Iglesia. Es otro tipo de Dios, un Dios blando que acepta cualquier cosa o pasa todo por alto, sin personalidad ni carácter. Ese Dios es el osito de peluche celestial, ese panda que todo el mundo puede abrazar y arrullar, pero nadie lo respeta porque no tienen de Él el concepto que se merece.

Una Iglesia bajo Dios

Esto lo digo no solamente de una nación, sino también de una iglesia. Me dirás: "¡Ah, bueno! Cada iglesia tiene el mismo concepto de Dios, cada iglesia conoce a Dios; sus miembros leen la Biblia. Tienen un concepto cristiano de Dios".

Nuestro concepto de Dios se podría considerar un río que recibe tributarios de todas partes (de libros, canciones impropias, novelas y literatura religiosa de diversas clases), incluso hasta una iglesia que debería ser sólida, bíblica, y es una imitación pobre y anémica. Es posible que nuestro concepto de Dios se reduzca, de modo que en lugar de pensar en Él como lo que es, elevado, sublime, habitante de la eternidad, aquel cuyas faldas llenan el templo y camina con las alas del viento y hace de las nubes su carro, en lugar de pensar en ese Dios elevado, pensemos o concibamos un Dios mucho más pequeño.

Creo en el evangelismo, pero he escuchado sermones evangelísticos que presentan a un Dios al que no puedo respetar y con quien no me gustaría ir al cielo y compartir otros cuantos millones de eternidades. No quiero vivir con un Dios como ese, el tipo de Dios que he visto reflejado en esas historias penosas, lacrimógenas y patéticas, como si Dios fuera uno de los nuestros. El pobre y pequeño predicador sube al púlpito y empieza a hablar de un Dios que ha creado a su propia imagen, y luego se supone que yo debo querer ir al cielo y sentarme junto al trono de un Dios al que no pude respetar en este mundo.

No, quiero al Dios del Antiguo Testamento y al Dios y Padre del Nuevo, porque si no, mejor será que no vaya al cielo. Preferiría ir a algún lugar neutro. No tengo el valor suficiente como para decir que quiero ir al infierno, pero quizá sí a un limbo en un lugar intermedio, donde pudiera estar todo lo lejos que fuese posible de ese Dios tipo osito de peluche que nos predican una y otra vez.

Algunos critican a Juan Calvino. No estoy de acuerdo con todo lo que creía Calvino, pero hay una cosa que él creía y que yo defiendo. Tenía un elevado concepto de Dios. Creía en la soberanía de Dios: el Dios elevado y exaltado. Y yo también.

Si pudiéramos descubrir exactamente qué piensa una iglesia sobre Dios, conoceríamos el futuro de esa iglesia. Sabríamos adónde se dirigiría durante los siguientes años.

Cada persona bajo Dios

Lo mismo sucede con el cristiano individual. Los cristianos van a reuniones de avivamiento, se ponen de rodillas ante un altar, se sientan en sus bancos, oran e imaginan que pueden obtener una experiencia que los sostendrá en el futuro. Quieren algo que les proporcione la garantía espiritual de que todo irá bien, en este mundo y en el venidero.

Un hombre puede tener una experiencia emocional en un altar y aun así no tener un conocimiento satisfactorio de Dios. No haber tenido jamás un concepto elevado de Dios.

Jesucristo, nuestro Señor, nos enseñó quién es Dios. Ahora bien, ese anhelo de Dios que Felipe manifestó en Juan 14:8 decía: "muéstranos al Padre". Y estoy seguro de que Felipe no era un aguafiestas, no era un crítico; estoy seguro de que Felipe era un hombre bueno y sincero. Creo que era un hombre convertido. Felipe era una persona de buen corazón, honesta, que quería conocer de verdad al Padre. La invisibilidad del Padre había sido una de las cosas que le había costado comprender. "¡Oh, Dios, muéstranos al Padre!", dijo.

Una vez llevaron a un anciano rabino ante un rey. El rey le dijo: "Has estado hablando por todo mi reino de tu Dios, Jehová. Quiero que acabemos con este asunto: o me lo muestras aquí mismo o cierras la boca. Haz que yo le vea; si puedes mostrarme a tu Dios, podrás predicar. Pero si no puedes hacerlo, tendrás que guardar silencio o no volver a mencionar su nombre para no ser condenado a muerte".

El rabino le dijo: "Majestad, vamos a pasear al jardín". Y pasearon por el jardín. Era un mediodía luminoso, y el sol pendía del cielo, caliente, brillante y pesado, y el rabino dijo: "Majestad, he aquí el sol".

El rey levantó la vista hacia el sol y luego estornudó un par de veces.

El rabino le dijo: "Señor, mire al sol". El rey miró al sol y volvió a estornudar.

Al final, incapaz de mantener la vista en el sol, dijo: "Rabino, no puedo mirar al sol".

El rabino dijo: "Acaba de decirme ahí dentro: 'Muéstrame a tu Dios para que pueda verlo', y ni siquiera puede contemplar una de las pequeñas luces que él creó. Entonces, ¿cómo podrá mirar a Dios?".

El anciano rey dijo: "Tú ganas", y regresó a su palacio siendo un hombre más sabio.

La invisibilidad de Dios ha sido la cuerda que el ateo ha pulsado una y otra vez. Hoy día no contamos con ateos profesionales que prediquen; hace unos años sí solíamos tenerlos, personas como Charles Ingersoll, que recorría todo el país predicando. Uno de los trucos que más le gustaba era decir que nadie podía ver a Dios, que nadie podía hacerlo visible; por lo tanto, Dios era solo una idea en la mente de las personas.

Creo que cuando Felipe dijo: "Muéstranos al Padre", expresaba un anhelo de su corazón. Quería llegar hasta el mismo Dios.

Él batallaba con la invisibilidad de Dios, el hecho de que a Dios no lo podemos ver. Cierra tus ojos, ora un rato, ábrelos y verás la pared. Actúas como si Dios no fuera visible ahí. El esfuerzo para conocer a Dios, encontrarlo y tocarlo ha sido una de las actividades más nobles de la raza humana. Ha proporcionado al mundo muchas grandes religiones.

Cuando el apóstol Pablo caminó por las calles de Atenas y encontró un altar dedicado al dios no conocido, no se burló; tampoco pronunció un sermón demoledor. Dijo: "[El Dios] al que vosotros adoráis… sin conocerle, es a quien yo os anuncio" (Hch. 17:23). Y aprovechó esa coyuntura como punto de partida de su predicación.

Se han fundado muchas grandes religiones en un intento de descubrir a Dios. Además de las grandes religiones ha habido grandes filosofías, y hay grandes sistemas metafísicos. Pero por ese camino nunca han descubierto a Dios, porque la religión más elevada fuera de Cristo solo es una religión humana, y la filosofía más sublime, el punto más alto al que haya llegado jamás el hombre por la escala de la filosofía, no fue más que una escalera hecha por el hombre. Y ningún hombre llega más alto que su propio templo; nadie puede llegar más allá de su propia inteligencia.

Si a Dios se le pudiera descubrir así, mediante ayunos, visiones, viajes y peregrinajes a La Meca o a algún río en Palestina; si pudiésemos acceder a Dios así, y lo que hay en nosotros que corresponde a nuestra vista, nuestro oído y nuestro tacto pudiera llegar a Dios, quiero comentarte algo: solo las mentes más excelsas podrían conocer a Dios.

Yo nunca podría contarme entre esa media docena de mentes privilegiadas del mundo. ¿Es posible creer que Dios, el Padre eterno, redimiría al mundo y luego concedería ese privilegio solo a unas pocas mentes brillantes? ¿Crees que enviaría la redención al mundo y luego la pondría a tiro de unos pocos eruditos? ¿Crees que enviaría la redención al mundo y la haría accesible solamente a quienes dispusieran de un tiempo libre ilimitado?

Es posible que los estadounidenses tengan más tiempo libre que el resto del mundo, porque tenemos muchos aparatos que nos facilitan el trabajo. Pero ni siquiera nosotros tenemos el tiempo suficiente como para ser cultivados en ese sentido elevado de la palabra. Dios conocía un sistema mejor. Dios es omnisciente, de modo que nos trajo su salvación.

El mensaje de Cristo no va destinado a los eruditos. El hombre que tiene 15 títulos universitarios puede dejarlos a un lado y arrodillarse y acudir a Dios como todos los demás. El hombre con profundos conocimientos puede hacerlo como todos nosotros. El hombre que tiene tanto tiempo libre que puede viajar por Europa y pasar los inviernos en Florida y los veranos en Canadá, pescando, puede recorrer el camino humilde como hacemos todos. Dios envió su mensaje a gente sencilla, y por eso me gusta esa gente. Me siento como en casa entre ellos. Soy uno de ellos, y me gusta estar con gente sencilla.

Dios tenía que demostrar su presencia de alguna manera; tenía que satisfacer aquel anhelo que indujo a Felipe a decir "muéstranos al Padre". Tenía que evidenciarse, para satisfacer aquel clamor de David: "En cuanto a mí, veré tu rostro en justicia; estaré satisfecho cuando despierte a tu semejanza" (Sal. 17:15). Así que lo que hizo fue descender al nivel del hombre aquí en la tierra. Escucha: "Si me conocieseis, también a mi Padre conoceríais; y desde ahora le conocéis, y le habéis visto" (Jn. 14:7).

Ahí tenemos a un Hombre que dice: "Si me han conocido, ya conocen al Padre, y ya saben cómo es Él". Esta es la más maravillosa de las maravillas. Este es uno de los propósitos de la redención, y creo que los teólogos, al menos los predicadores de teología, no están incidiendo sobre este punto todo lo que deberían. Hemos de recordar que la encarnación de Jesús no tiene un propósito ni dos, sino muchísimos.

Uno de los propósitos de su encarnación fue que el hambre que tienen en sus corazones los hombres y mujeres de este mundo, aquellos que quieren saber cómo es Dios, pudiera satisfacerse sin tener que estudiar a Platón. Pueden saber cómo es Dios sin obtener títulos universitarios. Pueden saber cómo es Dios sin contar con tiempo para leer todos los libros de erudición de este mundo. Pueden conocer a Dios, porque Dios se les manifestó. Cristo es la manifestación de Dios a los hombres. Cristo es Dios que caminó entre los hombres.

Algunos teólogos liberales dicen que Dios se reveló en Cristo. Vamos a corregir esta preposición. No se reveló "en" Cristo, se reveló "como" Cristo. Hay que cambiar la preposición por el adverbio. No se reveló "en" Cristo. Lo hizo, pero cuando decimos que Dios se reveló "en" Cristo nos quedamos cortos. Debemos seguir diciendo que se reveló "como" Cristo.

Podemos decir con certidumbre que quien conoce a Cristo conoce a Dios. Quien conoce a nuestro Señor Jesús conoce al Padre, y aquellos que ponen la vista en Jesús la ponen en el Padre. Podemos decir que quien conoce a Dios puede conocerlo por medio de Cristo, y *debe* conocerlo a través de Él. Y podemos afirmar que Dios siempre actúa como Cristo, y Cristo siempre actúa como Dios, porque Cristo es Dios que camina entre los hombres. También se puede afirmar con seguridad que conocer más a Cristo supone conocer más a Dios.

Esto será una ayuda para el corazón y la mente, y confío en que Dios la use para elevar el concepto de la iglesia evangélica, de modo que pasemos de nuestro Dios tipo osito de peluche al Dios elevado y sublime que habita en la eternidad.

Cristo es Dios y actúa como tal. Eso es todo. Dios nunca es extraño. Dios nunca hace un papel, nunca se pone una máscara y adopta un personaje. Dios siempre actúa como lo que es. El hombre más relajado que se haya paseado por las calles de cualquier ciudad fue Jesucristo nuestro Señor. Perfectamente relajado. Podía darse la vuelta con calma, contemplar a un hombre, dejarlo por los suelos o atraerlo a Él, perdonando sus pecados y sanando sus enfermedades, dependiendo de la actitud de la persona. Dios siempre está relajado.

Si el pueblo de Dios conociera quién es Él y luego se relajara y creyera en Él, iríamos a alguna parte. Pero tal como están las cosas, o somos perezosos o no nos importa Dios, o bien nos ponemos histéricos. Cristo nunca estuvo histérico. La única vez en que perdió ligeramente el control fue aquel instante terrible, increíblemente santo, cuando estaba en el huerto de Getsemaní y dijo: "Padre, si quieres, pasa de mí esta copa; pero no se haga mi voluntad, sino la tuya" (Lc. 22:42). Eso fue lo máximo que se acercó estando en la espantosa agonía. No confundamos la histeria con la espiritualidad; son cosas distintas.

Cristo es Dios actuando como sí mismo. Cuando Jesús caminó en este mundo, era Dios que caminaba y actuaba como lo que es; y cuando ascendió a la mano derecha del Padre, seguía siendo Dios y actuando como tal. Jesús envió al Espíritu Santo, y el Espíritu Santo es Dios que actúa como Dios. Es siempre Dios que actúa en consonancia con quien es Él, sin traicionar su carácter. Siempre será el mismo, porque esta es su inmutabilidad; esto es lo que significa la palabra inmutabilidad, "que no cambia". Nunca será distinto a como es ahora.

La gente cambia, pero Dios no cambia nunca. El estado de ánimo de las personas cambia; algunas personas cultivan esto porque en cierta ocasión leyeron en una revista que algunas estrellas de cine tenían cambios de humor, de modo que van por ahí cambiando de estado de ánimo todo lo que pueden. ¡Dios te bendiga, amigo! ¿Es que no tienes sentido común? ¿No estaría bien que un día de estos te levantaras por la mañana y te frotases la cabeza para restablecer la circulación sanguínea? Llegará el día en que estés calvo y tengas nueve papadas. Que Dios te ayude, joven. Piensa en mañana. Piensa en el futuro. Piensa en pasado mañana, el año siguiente y la eternidad.

Busca la santidad

La espantosa parodia que tenemos hoy en Estados Unidos es el cristianismo sin la santidad. Si dices que aceptas a Jesús y luego vas por ahí y haces lo que te dé la gana, no has aceptado a Jesús. Te engañas a ti mismo. No estás mejor que si nunca hubieras oído hablar de Dios. Las primeras cualidades de todo cristiano son la santidad, la pureza, la vida correcta, el pensamiento adecuado y los deseos puros. Pero hoy día tenemos un cristianismo carente de santidad. El Hijo de Dios era un Hijo santo. El Padre es el único Padre celestial. Y el Espíritu Santo es el único Espíritu *Santo*. Nuestra Biblia es la santa Biblia, y a la Iglesia se la llama santa. El cielo es un cielo santo, y los ángeles también lo son. Por consiguiente, debemos tomarnos en serio la doctrina bíblica de la espiritualidad y de la santidad. Las iglesias evangélicas han caído bastante bajo en nuestros tiempos.

Jesús amaba a todo el mundo. Los amaba de una forma fácil, relajada, maravillosa. La gente acudía a él y hacía que los teólogos fariseos se enfadasen mucho. Ellos decían "¿Por qué la gente no viene a nosotros?". No iban a ellos porque no encontraban calidez. A principios de la primavera un pájaro siempre irá a la parte cálida de la colina. En mi casa, en la granja, había una codorniz común que solía revolotear por allí, cuando casi no quedaba nieve. Si uno iba a la cara oscura de la colina, donde quedaba nieve, no veía ni un solo pájaro. Pero si cruzaba al otro lado, donde brillaba el sol, encontraba un grupito de las pequeñas codornices que se asoleaban. A todo el mundo le gusta el sol cuando hace frío. Jesús era Dios que caminaba actuando como Dios, en amor. La gente no iba a los fariseos porque estos no tenían amor. Eran un fuego apagado en el hogar. Nadie quiere estar cerca del hogar cuando el fuego se ha apagado.

Muchos ignoran lo bien que lo pasábamos en la granja durante el invierno. Calentábamos una estufa pequeña, redonda, hasta que relucía como una cereza. Uno entraba medio congelado, se recostaba en su silla y acercaba los pies a la rejilla delante de la estufa. No estaba tan caliente como para quemar los zapatos. No hay ningún electrodoméstico moderno que proporcione un placer así. Ahora canalizan el calor por pequeños conductos en las paredes y de otras maneras, y admito que resulta más cómodo, pero le falta cierta personalidad. Nadie se enamora de una parrilla.

Nadie se acerca a un hogar cuando el fuego está apagado. Jesús tenía amor en su corazón, y el amor siempre es cálido. El amor siempre es atractivo. La gente acude a las iglesias donde hay amor. Se acercan a los cristianos cálidos.

El fuego del amor de Dios

He leído un libro sobre el Espíritu Santo titulado *The Paraclete*, escrito por Daniel Y. Schultz. Hubo una idea que me conmocionó: Schultz decía que la ausencia de atractivo entre las personas que afirman estar llenas del Espíritu Santo nos lleva a preguntarnos si realmente lo tienen en su vida. Un hombre dice: "Estoy lleno del Espíritu Santo", pero nunca atrae a nadie. Jamás se le acerca nadie que le diga: "Ayúdame, ora por mí, háblame del Señor, comparte mi carga, haz algo por mí". Está lleno del Espíritu Santo, pero nadie acude a él.

Si hay fuego en el hogar, siempre encontrarás a un viajero que, con los pies fríos y escarcha en el pelo, se acerque a calentarse.

Por eso amaban a nuestro Señor Jesucristo cuando estaba en el mundo, y por eso la gente lo ama hoy. Siempre les muestra empatía y comprensión, y nunca es sarcástico. Los profetas solían serlo, pero Él no. Podía cortarle las alas a un hipócrita, pero nunca rechazó a nadie que fuera pobre, estuviera indefenso y necesitado. Nunca rechazó a una mujer atrapada en adulterio diciéndole: "¡Te lo advertí!".

Le dijo: "Ni yo te condeno; vete, y no peques más" (Jn. 8:11). Y ella se fue, mientras las lágrimas corrían por sus mejillas. ¿No podría Jesús haberla reprobado firmemente y luego haberla utilizado de ejemplo en otra ciudad? No, era el amor el que andaba por el mundo, el propio amor de Dios que caminaba y actuaba como lo hace Dios.

Tomaba a los niñitos en brazos y les mostraba su cariño. Actuaba como Dios, eso es todo. Eso es lo que Dios piensa de los bebés. Eso es lo que piensa de esas pobres mujeres. Eso es lo que piensa Dios de todos los que están necesitados.

A una persona dominada por el diablo todo el mundo la consideraría extraña y le harían el vacío. Esa persona caminaría sola. Pero Jesús se acercó a alguien así y expulsó al demonio. Cristo es Dios y actúa como Dios, con lealtad.

Jesús, fiel y humilde hasta el final

Piensa en la lealtad de Jesús. Si hubo un momento en el que la justicia habría permitido a Jesús darles la espalda a sus discípulos, fue el momento de la cruz, porque todos lo abandonaron y huyeron. Él podría haber dicho: "He pasado tres años enseñando a mis discípulos, sanando a enfermos, resucitando a muertos, calmando las aguas, dando de comer a multitudes, hablando de la casa de mi Padre, y ahora no tengo ni a uno solo que esté a mi lado. Me sacudo el polvo de mis zapatos, me aparto de vosotros". Podría haberlo hecho, pero, ¿sabes qué hizo? Fue fiel a ese puñado de renegados y cobardes, que le dieron la espalda y huyeron. Fue leal con las personas que no tuvieron el coraje de ir en su rescate. Fue fiel con aquellos que ni siquiera se atrevieron a estar presentes. Fue fiel hasta el final, y murió siendo leal a quienes no le mostraron lealtad. ¿Por qué manifestó esa lealtad? ¿Fue una fidelidad humana? Sí, pero era más que humana, era la lealtad de Dios.

Dios se ha mostrado fiel con la raza humana a pesar de que hace muchos miles de años le dimos la espalda en la persona de Adán. En la caída de Adán todos pecamos y nos alejamos de

Dios. Pero Dios nos recordó, y a lo largo de los años prometió un Redentor, y entonces una madre dio a luz y un bebé lloró, y los ángeles cantaron que Dios había venido al mundo, leal a su raza de renegados. Y cuando lo llevaron para crucificarlo, siguió siendo fiel, como lo es ahora sentado a la diestra de Dios.

Jesucristo se te manifestará por medio de la fe, la confesión y la humildad. Es muy difícil conseguir que la gente se arrepienta, porque esto exige humildad. Nos creamos nuestra propia saga, motivo por el cual es peligroso ser un líder cristiano.

Santiago dice: "Hermanos míos, no os hagáis maestros muchos de vosotros, sabiendo que recibiremos mayor condenación" (Stg. 3:1). Es peligroso crear tu propia saga, labrarte la reputación de ser santo y entonces, cuando venga el Espíritu Santo y empiece a lacerar tu corazón, tener miedo de acercarte al altar, de confesar, porque entonces los demás pensarán que eres un hipócrita.

La humildad es algo hermoso, pero no muchas personas la tienen. Si dijéramos: "Que todos los que quieran conocer un poco mejor al Señor se acerquen al altar", el altar y las primeras filas se llenarían de gente. Si dijéramos: "Todos los que no son perfectos y desean que el Señor les bendiga un poco, que vengan", se llenaría el altar, la plataforma y los alrededores. Si yo dijera "¿Te ha hablado Dios y te ha pedido que confieses y te humilles, que admitas tu pecado?", costaría que se acercase una sola persona, porque nadie quiere humillarse. Quieren hacerlo si pueden humillarse en masa, pero no individualmente. Esta pluralización de la humildad no funciona. Pluralizar nuestra confesión no funciona. Haz que sea individual.

Si David se hubiera arrodillado para elevar una larga y hermosa oración por Israel, el Salmo 51 no se habría escrito nunca, y David no habría regresado jamás a Dios. David dijo: "Lo hice yo, Señor, lo hice yo. Ten misericordia de mí, Dios". Lo personalizó, y si tú personalizas tu confesión y dices: "Dios, soy yo, soy yo", Cristo se te revelará. Y cuando conoces a Cristo, conoces a Dios. Tu anhelo de ver al Padre quedará satisfecho, y tu corazón sabrá cómo es Dios. Dispondrás de una vida y de toda la eternidad para aumentar tu conocimiento del Dios infinito e incomprensible.

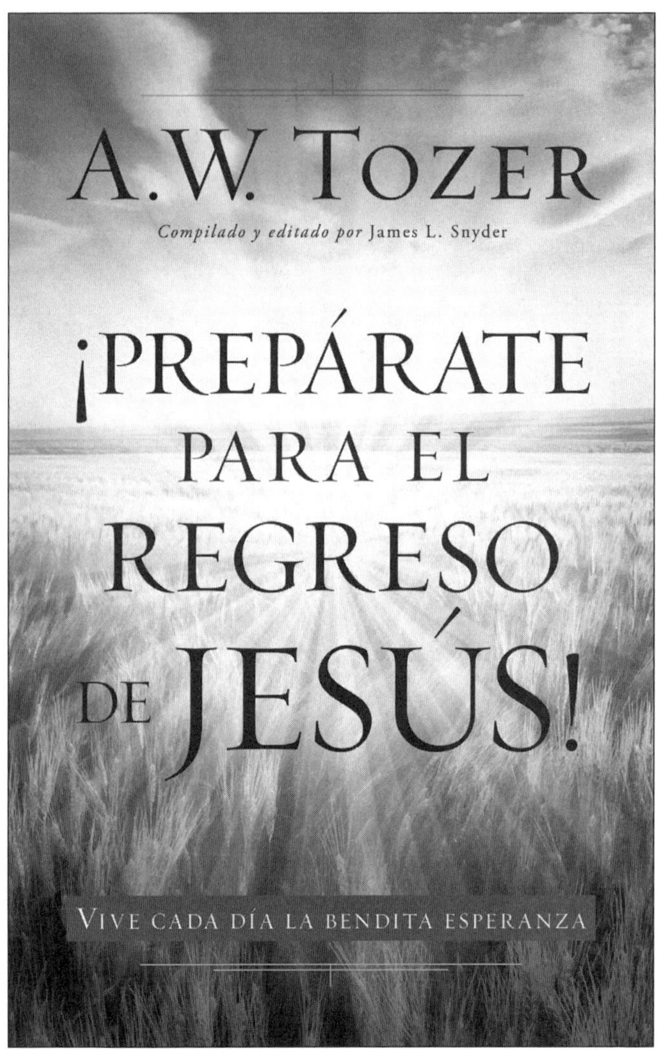

En este libro, inédito hasta ahora, los cristianos de hoy pueden aprender de uno de los pastores y pensadores más profundos del siglo XX. La enseñanza de Tozer sobre el libro de Apocalipsis ofrece un punto de vista fresco y oportuno sobre el propósito de la profecía que, según Tozer, consiste en elevar nuestra mirada, apartándola de lo inmediato para fijarla en lo eterno.

¡Prepárate para el regreso de Jesús! brinda a los lectores una visión panorámica de los acontecimientos venideros y analiza lo que significan hoy para las personas, las iglesias y el mundo.

A. W. Tozer dijo: "El peligro se acerca a la vida cristiana desde tres frentes: el mundo en el que vivimos, el dios de este mundo y nuestra carne corrompida".

Tozer centra la atención en esos pocos creyentes que prestarán atención al llamado a despertarse en medio de la gran tentación al mal que nos rodea y confiarán en que Dios siempre obra cuando hay uno o dos que escuchan su voz y se niegan a cansarse en su búsqueda de Él.